一本书读懂
财务报表

熊 玲 ——— 编著

民主与建设出版社
· 北京 ·

图书在版编目（CIP）数据

一本书读懂财务报表 / 熊玲编著 . -- 北京 : 民主
与建设出版社 , 2022.4

ISBN 978-7-5139-3836-5

Ⅰ.①一… Ⅱ.①熊… Ⅲ.①会计报表－会计分析
Ⅳ.① F231.5

中国版本图书馆 CIP 数据核字（2022）第 090865 号

一本书读懂财务报表

YIBENSHU DUDONG CAIWU BAOBIAO

编 著	熊 玲	
责任编辑	刘树民	
封面设计	海阔文化	
出版发行	民主与建设出版社有限责任公司	
电 话	（010）59417747　59419778	
社 址	北京市海淀区西三环中路 10 号望海楼 E 座 7 层	
邮 编	100142	
印 刷	三河市金泰源印务有限公司	
版 次	2022 年 4 月第 1 版	
印 次	2022 年 7 月第 1 次印刷	
开 本	700 毫米 ×1000 毫米　1/16	
印 张	12	
字 数	117 千字	
书 号	ISBN 978-7-5139-3836-5	
定 价	59.80 元	

注：如有印、装质量问题，请与出版社联系。

前 言
ntroduction

为什么要读懂财务报表

什么是财务报表，如何读懂一个企业的财务报表？一篇文章也许解答不了所有的问题，但读完这本书，相信每个人都会有所收获。

随着我国市场经济体制的逐步发展和完善，财务报表在企业中发挥的作用越来越重要。

财务报表是企业财务管理的一个环节，它能反映企业的偿债能力、盈利能力、发展能力和管理能力，也可以反映企业经营者的受托经营责任及效绩。通过财务报表可以揭示企业对经济资源的经营效果，反映出资源是否完整，能否创造有利的现金流以及资本是否可以有效保全、增值等。

因此，财务报表是一个非常有用的工具，值得学习、掌握与研究。

那么，如何通过财务报表得知隐藏着的重要信息？

如何运用财务报表预测企业价值？

如何预测财务风险，识破财务报表中隐藏的骗人的数据？

…………

通过学习、掌握与研究财务报表，投资者和债权人可以通过对财务报表反映的财务状况、现金流情况以及盈利能力，做出是否投资的决策，引导和促进社会资源流入效益更好的企业。

企业管理者可以通过对财务信息的掌握情况分析不同业务的盈利状况和资

源占用情况，合理做出哪些业务需要退出或者扩张的决定，便于调整企业经营活动和发展方向，实现内部资源的优化配置。

其实，财务报表不仅适用于企业，个人在日常生活中也需要财务报表。因为，只要有经济活动，就会有财务数据产生。例如，一个家庭的日常开支，起初这些数据可以简单地被写在记事本上，但是随着时间的推进，数据的增多，再将数据简单地罗列在笔记本上，数据的可读性、可操作性就会大大降低。此时我们就可以做一张能够清晰记录数据的表格。这张表格其实就是财务报表。

当然，这本书主要讲述的是企业财务报表。企业财务报表所反映出来的数据更翔实、更具有可参考性，更能清晰地体现出企业在经济活动中的各种情况。

根据新会计准则的规定，一套完整的财务报表主要包括资产负债表、利润表、现金流量表、所有者权益变动表以及财务报表附注。本书由浅入深，并采用深入浅出、紧密结合案例的形式，对以上这些报表进行阐述。同时，本书还配了专业的图表，这将使讲述的知识更加直观和通俗易懂。

最后，笔者真诚地希望这本书中讲述的内容能够帮到每一个有需要的人，每一家企业。

目 录
Contents

上篇：基础篇——了解财务报表

下篇：进阶篇——财务报表分析

上　篇

基础篇——了解财务报表

第1章

财务报表是什么

1.1 认识财务报表

　　财务报表是按照一定的格式、内容以及方式在日常会计核算材料基础上编制的书面文件。它主要反映了企业或是单位在特定时期内的资金情况，是企业财务信息的重要载体。

表1-1　某企业2015—2017年财务报表

年度 项目	2015 年	2016 年	2017 年
货币资金	88,680,099,321.27	94,358,894,092.06	97,829,294,130.39
存货	8,670,596,377.12	7,847,311,118.65	10,803,398,501.22
流动资产	120,251,273,397.52	141,743,333,569.41	156,590,165,286.60
固定资产	3,986,232,943.74	3,482,273,291.47	3,367,990,958.20
无形资产	223,794,602.31	526,591,622.40	513,797,868.12
在建工程	45,748,249.58	92,157,312.16	115,844,335.99

续表

年度 项目	2015 年	2016 年	2017 年
应收账款	3,416,105,149.73	1,029,622,972.59	1,384,793,962.50
应付票据	7,237,386,266.55	10,045,470,518.12	9,123,098,986.97
应付账款	40,616,067,475.26	41,793,337,033.46	38,206,787,386.72
预收账款	7,427,598,204.97	14,791,379,086.59	16,548,929,401.36
短期借款	2,675,363,200.00	7,136,785,600.00	12,174,152,000.00
长期借款	0	0	0
总资产	139,843,307,067.51	162,923,876,928.29	180,205,236,502.04
流动负债	119,624,757,126.22	137,119,510,964.97	141,432,105,341.68
总负债	120,087,658,706.14	137,599,988,601.15	141,827,205,832.03
经营活动现金流量净额	36,892,327,880.56	11,700,125,364.92	16,674,999,805.94
现金净增加额	81,020,140,360.98	65,602,665,752.06	25,586,691,500.01
营业利润	6,213,088,568.76	16,184,752,537.45	26,102,725,760.82
营业成本	87,390,652,570.99	84,011,270,448.79	107,239,247,683.12
营业收入	93,603,741,139.75	100,196,022,986.24	133,341,973,443.94
净利润	5,415,829,921.64	14,555,414,814.27	23,934,027,548.47
购建固定资产、无形资产和其他长期资产支付的现金	1,005,797,949.58	487,437,576.81	422,891,772.98
所有者权益总额	19,755,648,361.37	25,323,888,327.14	38,378,030,670.01

按照不同的分类标准，财务报表的种类包括以下几种：

1. 按照服务对象分类，财务报表可以分为对外报表和对内报表，如图 1.1.1 所示。

图 1.1.1　财务报表按照服务对象分类

对外报表是定期的、主要的以及规范化的报表，是企业要按照一定的格式、体系和时间定期向上级部门进行上报，或按规定向社会报送或公布的财务报表。

资产负债表、利润表、现金流量表等都属于对外报表，如图 1.1.2 所示。

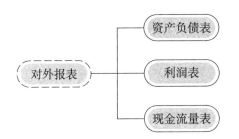

图 1.1.2　对外报表分类

以下是资产负债表、利润表、现金流量表模板。

表 1-2　资产负债表例表

编制单位：_____ 年度 单位：元

资产类	年初数	期末数	负债及权益类	年初数	期末数
流动资产：			流动负债：		
货币资金			短期借款		

续表

资产类	年初数	期末数	负债及权益类	年初数	期末数
短期投资			应付票据		
应收票据			应付账款		
应收股利			预收账款		
应收利息			其他应付款		
应收账款			应付工资		
预付账款			应付福利费		
应收补贴款			应付股利		
其他应收款			应交税金		
存货			其他未交款		
待摊费用			预提费用		
一年内到期的长期债券投资			预计负债		
其他流动资产			一年内到期的长期负债		
流动资产合计			其他流动负债		
长期投资：			流动负债合计		
长期股权投资			长期负债：		
长期债权投资			长期借款		
长期投资合计			应付债券		
其中：合并价差			长期应付款		
固定资产：			专项应付款		
固定资产原价			其他长期负债		
减：累计折旧			长期负债合计		
固定资产净值			递延税项：		

续表

资产类	年初数	期末数	负债及权益类	年初数	期末数
减：固定资产减值准备			递延税款贷项		
工程物资			负债合计		
在建工程			少数股东权益		
固定资产清理			所有者权益或股东权益：		
固定资产合计			实收资本		
无形资产及其他资产			减：已归还投资		
无形资产			实收资本净额		
长期待摊费用			资本公积		
其他长期资产			盈余公积		
无形资产及其他资产合计			其中：法定公益金		
递延税项：			未分配利润		
递延税款借项			所有者权益合计		
资产总计			负债及权益合计		

备注：本表只是模板，文字表述上可能会有变动，但主旨内容不会变化，请根据实际情况运用。

表 1-3　利润表例表

编制单位：＿＿＿＿＿＿年度　　　　　　　　　　　　单位：元

项　目	本月数	本年累计数
一、主营业务收入		
减：主营业务成本		
主营业务税金及附加		

续表

项　目	本月数	本年累计数
二、主营业务利润		
加：其他业务利润		
减：营业费用		
管理费用		
财务费用		
三、营业利润		
加：投资收益		
补贴收入		
营业外收入		
减：营业外支出		
加：以前年度损益调整		
四、利润总额		
减：所得税		
少数股东损益		
五、净利润		

备注：本表只是模板，文字表述上可能会有变动，但主旨内容不会变化，请根据实际情况运用。

表1-4　现金流量表例表

编制单位：　　　　　　　　　_____年度　　　　　　　　单位：元

项目	行次	本月数	本年累计数
一、经营活动产生的现金流量：			
1.销售商品、提供劳务收到的现金			

续表

项目	行次	本月数	本年累计数
2.收到税费返还			
3.收到的其他与经营活动有关的现金			
现金流入小计			
1.购买商品、接受劳务支付的现金			
2.支付给职工以及为职工支付的现金			
3.支付的各项税费			
4.支付的其他与经营活动有关的现金			
现金流出小计			
经营活动产生的现金流量净额			
二、投资活动产生的现金流量:			
1.收回投资所收到的现金			
2.取得投资收益所收到的现金			
3.处理固定资产、无形资产和其他长期资产而收到的现金净额			
4.收到的其他与投资活动有关的现金			
现金流入小计			
1.购建固定资产、无形资产和其他长期资产所支付的现金			
2.投资所支付的现金			
3.支付的其他与投资活动有关的现金			
现金流出小计			
投资活动产生的现金流量净额			
三、筹资活动产生的现金流量:			
1.吸收投资所收到的现金			

续表

项目	行次	本月数	本年累计数
2. 借款所收到的现金			
3. 收到的其他与筹资活动有关的现金			
现金流入小计			
1. 偿还债务所支付的现金			
2. 分配股利或利润或偿付利息所支付的现金			
3. 支付的其他与筹资活动有关的现金			
现金流出小计			
筹资活动产生的现金净流量净额			
四、汇率变动对现金的影响额			
五、现金及现金等价物净增加额			

备注：本表只是模板，文字表述上可能会有变动，但主旨内容不会变化，请根据实际情况运用。

对内报表是企业根据内部经营管理需要而编制的财务报表，其形式比较灵活，没有统一的格式和指标体系。

成本报表属于内部报表。

2. 按照报表提供的会计信息的重要性分类，财务报表可以分为主表和附表，如图 1.1.3 所示。

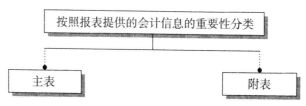

图 1.1.3　财务报表按照报表提供的会计信息的重要性分类

主表就是指主要的财务报表，能够提供比较全面、完整的会计信息，基本能够满足不同信息需要者的需求。它包括资产负债表、利润表、现金流量表，如图 1.1.4 所示。

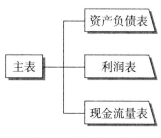

图 1.1.4　主表分类

附表是指从属报表，主要作用是对主表中不能或无法详细表述的某些重要信息做出补充说明。

附表主要有：利润表的附表，是利润分配表和分部报表，如图 1.1.5 所示；资产负债的附表，是应交增值税明细表和资产减值准备明细表，如图 1.1.6 所示。

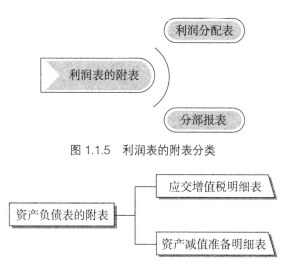

图 1.1.5　利润表的附表分类

图 1.1.6　资产负债表的附表分类

利润分配表、分部报表、应交增值税明细表、资产减值准备明细表具体模板如下：

表1-5　利润分配表例表

项目	行次	本年实际	上年实际
一、净利润			
加：年初未分配利润			
一般风险准备转入			
其他转入			
二、可供分配的利润			
减：提取一般风险准备			
提取法定盈余公积			
提取法定公益金			
提取职工奖励及福利基金 *			
提取准备基金 *			
提取企业发展基金 *			
三、可供投资者分配的利润			
减：应付优先股股利			
提取任意盈余公积			
应付普通股股利			
四、未分配利润			

带 "*" 的项目仅由外商投资证券公司填列

备注：本表只是模板，文字表述上可能会有变动，但主旨内容不会变化，请根据实际情况运用。

表 1-6　分部报表例表

项目 \ 地区 年度	地区 1		地区 2		地区 3		地区 4		地区 5		地区 6		抵销	合计
	2019年	2020年	2019年	2020年	2019年	2020年	2019年	2020年	2019年	2020年	2019年	2020年		
一、营业收入														
其中：对外交易收入														
分部间交易收入														
二、营业费用														
三、营业利润（或亏损）														
四、资产总额														
五、负债总额														
六、补充信息														
1.折旧和摊销费用														
2.资本性支出														

备注：本表只是模板，文字表述上可能会有变动，但主旨内容不会变化，请根据实际情况运用。

表 1-7　应交增值税明细表例表

项目	行次	本月数	本年累计数
一、应交增值税			
1.年初未抵扣数（以"—"号填列）	1		

续表

项目	行次	本月数	本年累计数
2. 销项税额	2		
出口退税	3		
进项税额转出	4		
转出多交增值税	5		
	6		
	7		
3. 进项税额	8		
已交税金	9		
减免税款	10		
出口抵减内销产品应纳税额	11		
转出未交增值税	12		
	13		
	14		
4. 期末未抵销数（以"—"号填列）	15		
二、未交增值税			
1. 年初未交数（多交数以"—"号填列）	16		
2. 本期转入数（多交数以"—"号填列）	17		
3. 本期已交数	18		
4. 期末未交数（多交数以"—"号填列）	19		

备注：本表只是模板，文字表述上可能会有变动，但主旨内容不会变化，请根据实际情况运用。

表1-8　资产减值准备明细表例表

项目	行次	年初余额	本年增加数	本年减少数			年末余额
				因资产价值回升转回数	其他原因转出数	合计	
一、坏账准备合计	1						
其中：应收账款	2						
其他应收款	3						
二、短期投资跌价准备合计	4						
其中：股票投资	5						
债券投资	6						
三、存货跌价准备合计	7						
其中：库存商品	8						
原材料	9						
四、长期投资减值准备合计	10						
其中：长期股权投资	11						
长期债券投资	12						
五、固定资产减值准备合计	13						
其中：房屋、建筑物	14						
机器设备	15						
六、无形资产减值准备合计	16						
其中：专利权	17						
商标权	18						
七、在建工程减值准备合计	19						

续表

项目	行次	年初余额	本年增加数	本年减少数			年末余额
				因资产价值回升转回数	其他原因转出数	合计	
八、委托贷款减值准备合计	20						
九、总计	21						

备注：本表只是模板，文字表述上可能会有变动，但主旨内容不会变化，请根据实际情况运用。

3. 按照编制和报送时间分类，财务报表可以分为中期财务报表和年度财务报表，如图 1.1.7 所示。

图 1.1.7　财务报表按照编制和报送时间分类

中期财务报表有广义和狭义之分：广义的中期财务报表包括月份、季度、半年期财务报表；狭义的中期财务报表指的是半年期财务报表。

年度财务报表则是企业整个年度的财务报表，展示的是企业整个年度的经营成果、现金流量情况及年末财务状况。

需要注意的是，报送年度财务报表是强制性的，即每年年末企业都需要编制并报送年度财务报表。

4.按照编制单位分类，财务报表可以分为基层财务报表和汇总财务报表，如图 1.1.8 所示。

图 1.1.8　财务报表按照编制单位分类

基层财务报表是由独立核算的基层单位对其业务经营活动过程和成果进行全面、系统的会计核算之后编制的财务报表。

汇总财务报表是指上级和主管部门的财务报表与其所属单位报送的基层财务报表，进行汇总而形成的财务报表。

5.按照编报的会计主体分类，财务报表可以分为个别报表和合并报表，如图 1.1.9 所示。

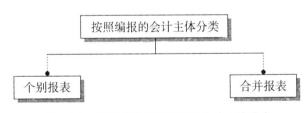

图 1.1.9　财务报表按照编报的会计主体分类

个别报表指的是对于企业持有控股的母公司以及子公司，是每个公司以自己为主所编制的，用来反映各个公司的财务情况和劳动经营成果的财务报表。

合并报表指的是子公司和母公司是一个主体，在其各自报表的基础上，由母公司进行编制综合反映企业集团财务状况和经营成果以及资金变动情况的财务报表。

为了方便大家掌握，最后附着一张总图，如图 1.1.10 所示。

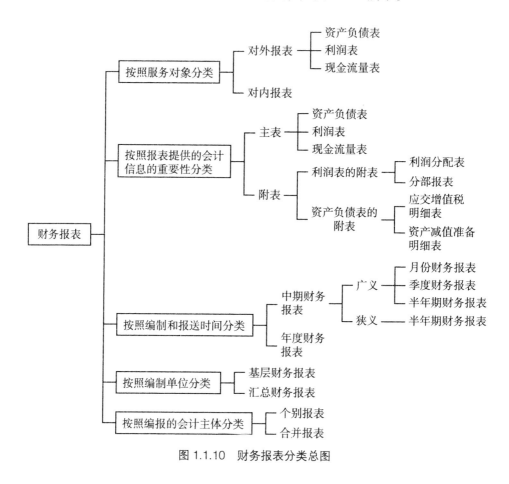

图 1.1.10　财务报表分类总图

1.2　财务报表的作用

财务报表是企业财务管理的一个环节，它能反映企业的偿债能力、盈利能力、发展能力和管理能力等。与其他核算资料相比，财务报表能更深刻、更准确地反映该企业的经营状况和业绩，充分体现了经济实质。

总体来说，制作财务报表对企业主要有以下几点意义。

1. 通过制作财务报表，对各种数据进行分析，可以了解企业的经营状况和财务能力，有利于经营者更直观地掌握公司绩效指标的完成情况。

2. 企业管理者可以通过财务报表分析必要的数据，了解管理人员的业绩，及时发现存在的问题，以便调整经营方向、改善经营质量，为公司的整体发展决策提供数据支持，制订企业发展计划。

3. 可以使公司的投资人、债权人和股东等掌握公司的财务情况，从而对公司的盈利能力、债偿能力、发展前景作出决策，为以后的财务活动提供依据。

每个企业都想发展壮大，那么究竟应该如何走得更稳更远呢？毋庸置疑，财务报表在企业持续发展过程中发挥着举足轻重的作用。

1.3　看懂财务报表的原则

财务报表是一家企业的健康报告，如果想要创业、投资，那么看懂财务报表非常重要，但是很多人在看到密密麻麻的数字后就会"犯晕"。其实，究其原因是不得要领，只要掌握了以下四个原则，哪怕是财务小白，都可以看懂财务报表数字背后企业的营运逻辑，如图 1.3.1 所示。

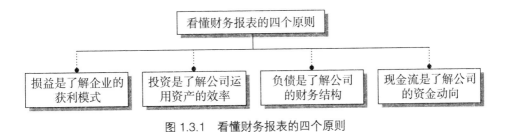

图 1.3.1　看懂财务报表的四个原则

1.损益是了解企业的获利模式。

首先，搜寻想了解的同行业的公司，并且收集其三年以上的损益表，并比较两家企业的营收情况，然后判断同行业公司的规模大小。

其次，可以从企业每天的毛利率、营业利益率以及净利率的稳定度方面，判断该企业在市场竞争中能不能盈利。

了解同行业中各个企业的营收成长率，然后判断企业整体的营收是在成长或是衰退，因为这可以看出企业在行业中的未来发展速度以及成长的生命力。

2.投资是了解公司运用资产的效率。

资金不流通就不会赚钱，想要赚钱，最主要的就是投资，"用钱生钱"。

而从企业的资产周转率中可以看出"生钱"的速度，周转率越高收入就越多。

资产报酬率就是"生钱"的效率，资产报酬率越高，说明该企业可以用少的资产获得的利润更多。

3.负债是了解公司的财务结构。

很多企业认为负债是不好的，会想尽一切办法不去欠钱，但公司要营运，负债可以减轻股东的负担，用负债的财务杠杆来让企业获利。财务杠杆高的公司，在市场景气的时候可以使企业赚更多钱，但是在不景气的时候财务风险就会升高。企业要根据市场情况调整负债比率，在财务风险和财务杠杆两者之间寻找平衡。

4.现金流是了解公司的资金动向。

企业要有足够的现金，以保证未来经营活动有足够的负债偿还能力。

其中营业收入、毛利率以及净利率的增加，说明该企业赚钱的能力增强。

赚钱的能力是否能够转换为企业的现金流入，可观察一下这两项数据："资产周转率"高，代表存货很快就能卖掉；"应收款项周转率"高，表示公司能快速回收现金。那么，这家公司的现金"流动性"就是好的。

　　财务报表能够从直观上反映很多企业的经营问题、财务情况，因此企业想要发展得更好，就要使用财务报表，更要看懂财务报表。

1.4　财务报表的组成部分

　　一套完整的财务报表包括资产负债表、利润表、现金流量表、所有者权益变动表和财务报表附注，如图 1.4.1 所示。

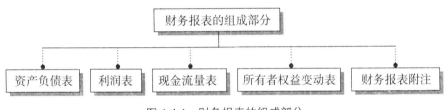

图 1.4.1　财务报表的组成部分

　　1. 资产负债表。

　　资产负债表是指依据资产、负债、所有者权益之间的相互关系，根据必需的分类标准和一定的列报顺序，把企业某一特定时期的财务状况进行公示，将企业复杂的财务数据根据编制方法进行整理的报表。

　　表 1-9 为某企业 2019 年资产负债表，资产负债表通常有表首、正表两部分。表首包括报表名称、编制单位、编制日期、报表编号、货币名称、计量单位等；正表则是资产负债表的主体部分，罗列各个项目，其格式有报告式资产负债表和账户式资产负债表两种。

表 1-9　某企业 2019 年资产负债表

会小企 01 表

编制单位：某企业　　　　　　　　2019 年 12 月　　　　　　　　单位：元

资产	行次	期末余额	年初余额	负债和所有者权益	行次	期末余额	年初余额
流动资产：				流动负债：			
货币资金	1	5,027,720.82	302,383.25	短期借款	31		
短期投资	2			应付票据	32		
应收票据	3			应付账款	33	899,242.62	865,321.25
应收账款	4	2,988,293.63	2,163,524.33	预收账款	34		
预付账款	5			应付职工薪酬	35	238,998.00	68,050.00
应收股利	6			应交税费	36	87,182.94	
应收利息	7			应付利息	37		
其他应收款	8	56,320.25	56,320.25	应付利润	38		
存货	9	45,979.65	126,580.32	其他应付款	39	4,293,051.26	1,733,051.26
其中：原材料	10						
在产品	11						
库存商品	12	45,979.65	126,580.32				
周转材料	13						
其他流动资产	14			其他流动负债	40		
流动资产合计	15	8,118,314.35	2,648,808.15	流动负债合计	41	5,518,474.82	2,666,422.51
非流动资产：				非流动负债：			
长期债券投资	16			长期借款	42		

续表

资产	行次	期末余额	年初余额	负债和所有者权益	行次	期末余额	年初余额
长期股权投资	17			长期应付款	43		
固定资产原价	18	984,218.76	768,562.53	递延收益	44		
减：累计折旧	19	202,708.32	129,694.92	其他非流动负债	45		
固定资产账面价值	20	781,510.44	638,867.61	非流动负债合计	46		
在建工程	21			负债合计	47	5,518,474.82	2,666,422.51
工程物资	22						
固定资产清理	23						
生产性生物资产	24			所有者权益（或股东权益）			
无形资产	25			实收资本（或股本）	48		
开发支出	26			资本公积	49		
长期待摊费用	27			盈余公积	50		
其他非流动资产	28			未分配利润	51	3,381,349.97	621,253.25
非流动资产合计	29	781,510.44	638,867.61	所有者权益（或股东权益）合计	52	3,381,349.97	621,253.25
资产总计	30	8,899,824.79	3,287,675.76	负债和所有者权益（或股东权益）总计	53	8,899,824.79	3,287,675.76

资产负债表是财务报表里面最基础的一张表格，是对企业整体情况的一个总结，也可以说是三大报表中的"老大哥"，因为三大报表中的利润表和现金流量表体现的都是资产负债表中个别科目的情况。正因为如此，在看一些上市公司的财务报表时，重点要看的就是资产负债表。

虽然在资产负债表上总是密密麻麻罗列着一堆项目，看起来很复杂，但其实很简单。资产负债表就是在左边罗列出公司的资产有哪些，右边列出资产的来源是什么。而来源一般分为两部分：一部分是负债，另一部分是所有者权益。

而且，我们只要记住这个等式：资产 = 负债 + 所有者权益，就可以理解资产负债表。

2. 利润表。

利润表又称损益表，反映的是一个企业在特定时期（一定会计期间）内的经营成果的报表。简单来说，利润表通过将某一期间的营业收入与该期间的有关经营费用相匹配，计算出该期间的净利润。计量企业的收入、费用和利润，通过收入和费用来衡量企业的经营情况。

表1-10 某企业2019年利润表

会小企02表

编制单位：某企业　　　　　　2019年12月　　　　　　　单位：元

项目	行次	本年累计金额	本月金额
一、营业收入	1	15,896,247.68	1,785,388.26
减：营业成本	2	12,316,961.98	1,033,150.12
营业税金及附加	3	58,763.77	5,926.49
其中：消费税	4		
营业税	5		
城市维护建设税	6	31,497.03	3,144.68

续表

项目	行次	本年累计金额	本月金额
资源税	7		
土地增值税	8		
城镇土地使用税、房产税、车船税、印花税	9	4,768.86	535.61
教育费附加、矿产资源补偿费、排污费	10	13,498.73	1,347.72
销售费用	11	95,400.00	9,200.00
其中：商品维修费	12		
广告费和业务宣传费	13		
管理费用	14	415,471.36	97,763.67
其中：开办费	15		
业务招待费	16		
研究费用	17		
财务费用	18		
其中：利息费用（收入以"—"号填列）	19		
加：投资收益（损失以"—"号填列）	20		
二、营业利润（亏损以"—"号填列）	21	3,009,650.57	639,347.98
加：营业外收入	22		
其中：政府补助	23		
减：营业外支出	24		
其中：坏账损失	25		
无法收回的长期债券投资损失	26		
无法收回的长期股权投资损失	27		
自然灾害等不可抗力因素造成的损失	28		
税收滞纳金	29		
三、利润总额（亏损总额以"—"号填列）	30	3,009,650.57	639,347.98
减：所得税费用	31	249,553.85	36,332.34
四、净利润（净亏损以"—"号填列）	32	2,760,096.72	603,015.64

利润表显示的不是某一时点的经营状况，而是某一区间、某一时段企业整体经营状况的结果。正如表 1-10 所示，它显示的是某企业 2019 年 1 月—2019 年 12 月该企业有多少收入，有多少成本，有多少费用支出，最后赚了多少钱。

需要关注的有两个方面。一个是收益。关注收益不是关注收入多少，而是要关注该收入是怎么来的，因为这与企业的业务相关。只有了解企业的收入来源和渠道，企业才能增加收入。另外一个是支出，成本和收入是相关的，我们要看成本和收入匹配的关系是怎样的，两者呈现一种怎样的关系，即能不能在收入恒定的情况下把成本降低，提高毛利率。

3. 现金流量表。

现金流量表指明了企业在某一会计期间现金等价物的流向。其可以分类为经营活动产生的现金流量、投资活动产生的现金流量及筹资活动产生的现金流量。然后经过汇总，我们就会得知企业某一期间现金及现金等价物的净增加额。

表 1-11　某企业 2019 年现金流量简表

某企业 2019 年现金流入统计表	单位（元）
经营活动现金流入	5,086,040,000.00
投资活动现金流入	34,292,500.00
筹资活动现金流入	405,650,000.00
合计	5,525,982,500

现金流量表有两种编制方法：一种是直接法，另一种是间接法。

直接法，即通过现金收入和现金支出的主要类别进行列示，从而体现经营活动的现金流量。也就是说，在经营活动中直接将现金流入和现金流出各项列出。需要注意的是，在采用直接法编制经营活动的现金流量表时，以利润表中的营业收入为出发点，调整与经营活动有关的项目的增减变动，最终计算出现金流量。间接法则不同。间接法是将利润表中的净利润当成经营活动的现金流入和流出。因此，在采用间接法编制经营活动的现金流量时，是以净利润为出发点，调整与经营活动有关，以及不涉及现金的收入、费用、营业外收支的项目的增减变动，最终计算出经营活动的现金流量。

4.所有者权益变动表。

所有者权益变动表可以反映企业一定时期内所有者权益增减变化的情况。

表1-12　所有者权益变动表例表

项目	本年金额						上年金额					
	实收资本（或股本）	资本公积	减：库存股	盈余公积	未分配利润	所有者权益合计	实收资本（或股本）	资本公积	减：库存股	盈余公积	未分配利润	所有者权益合计
一、上年年末余额												
加：会计政策变更												
前期差错更正												
二、本年年初余额												
三、本年增减变动金额（减少以"—"号填列）												
（一）净利润												
（二）直接计入所有者权益的利得和损失												

续表

项目	本年金额						上年金额					
	实收资本（或股本）	资本公积	减:库存股	盈余公积	未分配利润	所有者权益合计	实收资本（或股本）	资本公积	减:库存股	盈余公积	未分配利润	所有者权益合计
1.可供出售金融资产公允价值变动净额												
2.权益法下被投资单位其他所有者权益变动的影响												
3.与计入所有者权益项目相关的所得税影响												
4.其他												
上述（一）和（二）小计												
（三）所有者投入与减少资本												
1.所有者投入资本												
2.股份支付计入所有者权益的金额												
3.其他												
（四）利润分配												
1.提取盈余公积												
2.对所有者（或股东）的分配												
3.其他												
（五）所有者权益内部结转												
1.资本公积转增资本（或股本）												
2.盈余公积转增资本（或股本）												
3.盈余公积弥补亏损												

续表

项目	本年金额						上年金额					
	实收资本（或股本）	资本公积	减:库存股	盈余公积	未分配利润	所有者权益合计	实收资本（或股本）	资本公积	减:库存股	盈余公积	未分配利润	所有者权益合计
4.其他												
四、本年年末余额												

备注：本表只是模板，文字表述上可能会有变动，但主旨内容不会变化，请根据实际情况运用。

所有者权益变动表的制作方法如下：

（1）所有者权益变动表各项目都需要列示"本年金额"和"上年金额"。

（2）所有者权益变动表中的"上年金额"栏内的数据，需要根据上年度的所有者权益变动表中的"本年金额"内的数据填写。

（3）所有者权益变动表中"本年金额"栏内的各项数据需要对实收资本（或股本）、资本公积、盈余公积、利润分配、库存股、以前年度损益调整发生额分析后再填列。

5.财务报表附注。

财务报表附注存在的意义有两个：一是可以帮助财务报表的使用者深入了解报表的内容；二是可以帮助编制者对财务报表里面所有的相关内容进行解释以及说明。

简单来说，财务报表附注就是对财务报表的补充说明，让使用者清楚企业的财务状况、经营成果和现金流量。

例如，宁波海运于 2018 年 7 月 27 日分别和浙能集团、海运集团、煤运投资签订了《盈利预测补偿协议》。协议中规定：在此后三年里，交易对方每年按照同一会计口径计算的扣除非经常性损益后的净利润如果没有达标，将会延长利润补偿期。盈利预测补偿方式分为股份补偿和现金补偿，以本次交易取得的股份对实际营业净利润和规定净利润的差额进行补偿，不足额部分再追加现金补偿。签订和实行此协定带来的相关税费和政府收费，各方自行按责承担。鉴于《盈利预测补偿协议》实行期限时间较长，市场瞬息万变，而宁波海运仍然需要承担协议无法履行的风险。

于是，财务报表附注应运而生，即表1-13。其对报表无法表达的项目做出了详细的解释。

表1-13　财务报表附注

项目	浙能集团	海运集团	煤运投资	宁波海运	被收购方
取得新股计税基础	1530	1386	3000	5916	
税法规定转让收入	不确认	不确认	不确认		
转让股权计税基础	1530	1386	3000		
税法规定转让所得	不确认	不确认	不确认		
应纳企业所得税	当期不交	当期不交	当期不交	所得税保持不变	所得税保持不变

以上，资产负债表、利润表、现金流量表、所有者权益变动表和财务报表附注共同组成了一套完整的财务报表。

1.5 财务报表的十大受众群体

读懂财务报表，对以下十种人大有裨益。

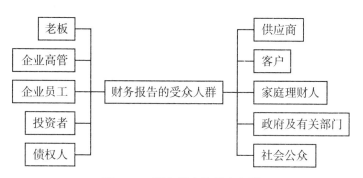

图 1.5.1 财务报表的受众人群

1. 老板。

老板要想了解公司的经营状况，如有没有出现收不回的账、经理人的业绩如何等，就需要掌握企业的财务报表，尤其要读懂资产负债表、利润表和现金流量表，这样就可以做出相应的判断，对公司进行更好的经营与管理。

2. 企业高管。

财务报表不仅可以反映出企业经营的长处和短板，更可以反映企业高管的业绩。因此，为了自己的业绩，也为了能够更深入地了解资本如何运作，适应证监部门越来越严格的审查要求，企业高管都必须正确认识和理解财务报表。因为只有这样，企业高管才能拟定更加适合企业发展的路线，使企业的运营达到良好的状态。

3. 企业员工。

作为普通员工，跟着公司的步调走当然没错，但是看懂企业的财务报表，就能掌握企业经营状况，准确地预判企业未来的发展趋势，从而对自己的职业生涯进行规划，让自己更加符合企业的发展需求，更好地维护和保证自身各方面的权益。

4. 投资者。

投资者最关注的是权益的风险，因此投资是否可以升值，投资报酬或回报能有多高，最终是否能够满足他们期望的投资收益，这些都是决定投资者是否向企业投资，是否追加投资，是否收回或转让投资的因素。因此，投资者需要读懂财务报表，这样才能得知企业的获利能力、投资回报率及企业经营的风险水平。

5. 债权人。

债权人分为短期债权人和长期债权人。无论是哪种债权人，他们都有一个共同的担忧，那就是企业偿还债务的能力。这就需要通过财务报表来分析企业支付利息和偿还本金的能力。

6. 供应商。

如果你是一家企业的供应商，在与该企业发生商业活动时，可能会伴随着赊购赊销的行为，此时供应商读懂财务报表就十分重要。因为赊销出去的货物，供应商自然希望能尽快完成收款。在这种情况下，阅读和分析该企业的财务报表，从而判断出它的偿债能力、资信程度，便能减少因赊销所承担的风险。

7. 客户。

如果你是一家企业的客户，可能会对某企业提供的产品形成依赖，一旦该企业提供的货物出现重大变化，可能会对自身的发展产生重大的影响。通过查看该企业的财务报表，可以知道该企业的货源是不是稳定的，该企业的经营状况是否良好，从而做出相应的对策，比如可以增加供应商来降低风险。

8. 家庭理财人。

对于一个家庭的财产掌权人来说，如果想对家庭支出进行更好的规划和管理，保证家庭的收入和支出达到一个合理的平衡状态，就必须要懂得财务报表。

9. 政府及有关部门。

财政部门会对企业的财务报表进行详细的阅读和分析，以便更好地了解企业的发展经营情况；税务部门会侧重于企业的税源和经营成果；国有资产部门会侧重于监管企业国有资产的增减情况。

10. 社会公众。

对社会公众来说，往往可以通过分析财务报表了解企业的获利能力，也能从一个侧面了解该企业在就业培训、生产和经营环境及产品营销政策等方面的能力。

财务报表的需求者有很多，除上述群体外，与企业有生产、技术等协作关系，以及其他关系的利益集团，都是财务报表的需求者。这些人也需要读懂财务报表，这里不再一一详述。但是，特别需要指出的是，不同的财务报表使用者的重点只是相对而言的。因此，财务报表的使用者要对财务报表的信息进行详细的阅读和分析，这样才能确保自己做出更加全面、准确的判断。

第2章
资产负债表

2.1 资产负债表概述

对于资产负债表事项的了解，我们可以拆分为两部分：一部分是了解资产负债表的定义，另一部分则是对资产负债表的了解。为了方便大家了解，这里再放一张资产负债表例表。

表 2-1 资产负债表例表

编制单位：_____年度　　　　　　　　　　　　　　　　单位：元

资产类	年初数	期末数	负债及权益类	年初数	期末数
流动资产：			流动负债：		
货币资金			短期借款		
短期投资			应付票据		
应收票据			应付账款		
应收股利			预收账款		
应收利息			其他应付款		

资产类	年初数	期末数	负债及权益类	年初数	期末数
应收账款			应付工资		
预付账款			应付福利费		
应收补贴款			应付股利		
其他应收款			应交税金		
存货			其他未交款		
待摊费用			预提费用		
一年内到期的长期债券投资			预计负债		
其他流动资产			一年内到期的长期负债		
流动资产合计			其他流动负债		
长期投资：			流动负债合计		
长期股权投资			长期负债：		
长期债权投资			长期借款		
长期投资合计			应付债券		
其中：合并价差			长期应付款		
固定资产：			专项应付款		
固定资产原价			其他长期负债		
减：累计折旧			长期负债合计		
固定资产净值			递延税项：		
减：固定资产减值准备			递延税款贷项		
工程物资			负债合计		
在建工程			少数股东权益		
固定资产清理			所有者权益或股东权益：		

续表

资产类	年初数	期末数	负债及权益类	年初数	期末数
固定资产合计			实收资本		
无形资产及其他资产			减：已归还投资		
无形资产			实收资本净额		
长期待摊费用			资本公积		
其他长期资产			盈余公积		
无形资产及其他资产合计			其中：法定公益金		
递延税项：			未分配利润		
递延税款借项			所有者权益合计		
资产总计			负债及权益合计		

备注：本表只是模板，文字表述上可能会有变动，但主旨内容不会变化，请根据实际情况运用。

下面，我们先谈谈资产负债表的定义。

资产负债表是根据负债和所有者权益之和来编制的，即：资产 = 负债 + 所有者权益。

资产负债表是企业在一定时期（通常为各会计期末）的财务分析状况（即资产、负债和所有者权益的状况）的主要会计报表。企业在特定时期的所有资产、负债及所有者权益，都能够在资产负债表上体现出来。

资产负债表可以反映企业拥有的一些资产以及各种经济资源，例如通过对企业的某一特定时期的资产总量以及其具体分布状况，负债数据的总量及其所反映在不同科目的情况，可以看出企业未来需要用多少资产或者劳务来进行偿付以及偿付的期限；还可以让企业通过所有者权益的数据情况对企业的实际资本、资本增值的情况以及留存收益的状况，判断企业负债的偿付能力以及对债权人的保证程度，进而预期该做什么不该做什么。

表 2-2 资产负债表

公司名称	重要的非调整事项	利润分配情况	其他资产负债表日后事项
绿科企业股份有限公司	无	发放现金股利：拟分配的股利 9,935,236,800.90 元	发行股票：2018 年 1 月 22 日，交易完成。
保地控股集团股份有限公司	不适用	发放现金股利：拟分配的利润股利 3,042,038,596.25 元	无
万利房地产（集团）股份有限公司	无	发放现金股利：拟分配的利润股利 4,743,376,424.40 元，本年拟不进行资本公积金转增股本	无
华峰幸福基业股份有限公司	适用发行债券：2018 年 3 月发行短期融券	发放现金股利：拟分配的利润或股利 2,659,452,038.10 元	不适用
丰地（集团）股份有限公司	适用发行债券：2018 年 1 月和 3 月都发行债券	发放现金股利：拟分配的利润或股利 2,392,729,293.16 元	无
渡口工业区控股股份有限公司	无	发放现金股利：拟分配的利润或股利 4,900,537,487.64 元	与关联方共同投资设立招商澎湃系列股权投资基金
新市集团房地产有限公司	适用 1）注销股本 2018 年 1 月 2 日注销，股本减至 2,257,384,186 股 2）发行债券	发放现金股利：拟分配的利润或股利 1,828,481,191 元	不适用

公司名称	重要的非调整事项	利润分配情况	其他资产负债表日后事项
绿草城集团股份有限公司	1）购置地产 在 2018 年 1 月和 3 月竞得国有建设用地使用权 2）发行债券	无	无
城南置地	无	发放现金股利： 总股本 3,709,788,797 股为基数，每 10 股派送现金 0.20 元股息。不送股，不转增股本	发行债券： 发行公司债券规模不超过人民币 12 亿元（含 12 亿元）
大科地产集团股份有限公司	1）发行债券： 2）处置子公司	发放现金股利： 每 10 股分配现金股利 2.5 元	无

上面表格的具体事项以及实施详见后面的附注，这里主要是概括性的比较。首先由此表的对比可以知道这些公司基本上都会涉及利润分配这一块，大多数公司对于 2017 年年度的利润分配方案，由于股东大会在资产负债表日还尚未做出真正的利润分配决议，因此在资产负债表日后事项中对此进行了相应的披露。

至于资产负债表日，就目前而言，在我国的会计年度中，一般每年 12 月 31 日是资产负债表日，而资产负债表中的数据是对之前经济业务最后的体现。1 月月末或者 2 月月末或者 12 月月末并不绝对是资产负债表日，主要是因为有的公司业务或者是经营实际情况比较特殊。由此可见，12 月 31 日也不是当年绝对的资产负债表日，主要受到公司的性质以及所在地区的影响。而中期资产负债表日是指各个会计中期的期末，比如 9 月 30 日被称为第三个季度的资产负债表日，同理 6 月 30 日则是半年的资产负债表日。

2.2 什么是流动资产

货币资金、应收票据、应收账款、短期投资以及存货等都是流动资产的内容，是在一年或是超过一年的时期内运用的资产。

流动资产在周转使用的过程中，其形态发生了以下变化，即先从货币形态开始，然后流动资产的形态依次被改变，最后流动资产又变化为货币形态。我们用具体的示意流程表示，如图 2.2.1 所示。

图 2.2.1 资产形态变化

企业的生产经营环节都依赖于资金。没有资金，企业将寸步难行。因此，无论是哪种形态的资金都与企业的经营生产流通息息相关。而且，企业流动资金的流动速度越快，其变现能力就会越强，资金生态链就会越强健。

从不同角度出发，流动资产可以分为以下几种类型。

1. 根据流动性大小，可以将流动资产分为速动资产和非速动资产，如图 2.2.2 所示。

图 2.2.2　流动资产按流动性大小分类

速动资产指的是可以在短时间内变现的资产，比如交易性的金融资产、货币资金和应收账款。

非速动资产则是相对于速动资产而言的，即不能够在短时间内变现的流动资产，如存货、待摊费用、预付款、1 年内到期的非流动资产、其他流动资产等。

2. 根据在企业生产经营中起到的作用，可以将流动资产分为工业企业的流动资产和商业企业的流动资产，如图 2.2.3 所示。

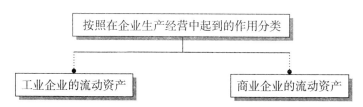

图 2.2.3　流动资产按在企业生产经营中起到的作用分类

（1）工业企业的流动资产，包括以下几种，如图 2.2.4 所示。

图 2.2.4　工业企业的流动资产分类

①储备资产。

储备资产指的是从购买到用于生产准备阶段，再到投入生产为止的整个过程所占用的流动资产，如原材料及主要材料、辅助材料、燃料等。

②生产资产。

生产资产指的是产品从投入生产到产品生产完成，再到通过质量检测并办理入库为止，用于生产过程中的流动资产，如在产品、自制半成品、待摊费等。

③成品资产。

成品资产指的是从产品入库到产品销售为止，用于产品尚未销售过程中的流动资产，如产成品和准备销售的半成品和零部件等。

④结算资产。

应收账款、应收票据等都属于结算资产。

⑤货币资产。

银行存款、库存现金等都属于货币资产。

（2）商业企业的流动资产，包括以下几种，如图 2.2.5 所示。

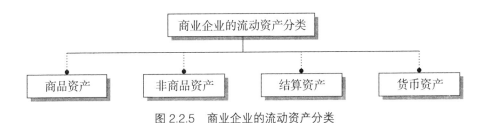

图 2.2.5　商业企业的流动资产分类

①商品资产。

库存商品和在途商品等都属于商品资产。

②非商品资产。

包装物、物料用品、低值易耗品、待摊费用等，都属于非商品资产。

③结算资产。

各种应收款、预付款、应收票据等都属于结算资产。

④货币资产。

银行存款、库存现金等都属于货币资产。

3. 根据表现形态，可以将流动资产分为货币性流动资产和实物形态的流动资产，如图 2.2.6 所示。

图 2.2.6 流动资产根据表现形态分类

（1）货币性流动资产，顾名思义就是以货币形态使用的资金，如结算资产和货币资产都属于货币性流动资产。

（2）实物形态的流动资产是相对于货币性流动资产而言的，如储备资产、生产资产、成品资产等都属于实物形态的流动资产。

4. 根据对流动资产进行计划管理的需要，可以将流动资产分为定额流动资产和非定额流动资产，如图 2.2.7 所示。

图 2.2.7 根据对流动资产进行计划管理的需要分类

（1）定额流动资产。

原材料、辅助材料、在产品、自制半成品、产成品等都属于定额流动资产。需要注意的是，定额流动资产是流动资产的基本组成部分。

（2）非定额流动资产。

结算资产和货币资金都属于非定额流动资产。

为了大家了解得更清晰，在最后附着一张分类总图，如图2.2.8所示。

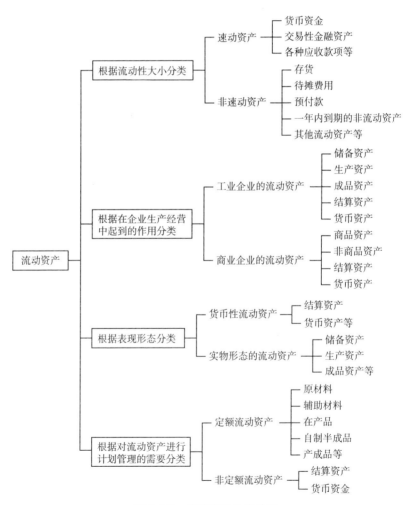

图2.2.8 流动资产分类总图

2.3　什么是非流动资产

每个企业都有一定量的资产，这些资产通常被分为流动资产和非流动资产两种。它们的最本质的区别就是在一定的时期内，也就是 1 年之内可否变成流动资产并进行使用。

上节我们已经讲述了流动资产的概念，这里不再赘述，只详细阐述非流动资产。

非流动资产是指企业不能在 1 年之内或不能在超过 1 年的一个营业周期内将资产变现。

虽然非流动资产具有占用资金多、周转速度慢、变现能力差等特点，但它仍是经营企业不可或缺的部分。

接下来，我们将从持有至到期投资、长期应收款、长期股权投资、工程物资、投资性房地产、固定资产、在建工程、无形资产、长期待摊费用等资金了解一下非流动资产。

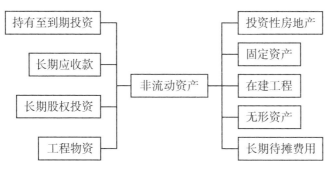

图 2.3.1　非流动资产分类

1. 持有至到期投资。

持有至到期投资是指企业有明确意图打算并能够持有至到期的债券、证券，且这种债券、证券具有到期日固定、回收金额固定或可确定的特点。

比如，甲公司购买了乙公司发行的期限为 3 年、票面年利率为 8%、每年 2 月 10 日支付利息的债券，这些债券对于甲公司而言就是持有至到期投资。

2. 长期应收款。

长期应收款分为两种：一种是通过融资租赁产生的应收款项；另一种是在采用逐步收回货款或者分期收回货款的，即递延方式收款，包括所销售的商品、提供的劳务具有融资性质的经营活动中产生的应收款项。

例如，甲公司以分期付款的形式向乙公司销售了一批价值 200 万元的医疗器材，分期期限为 4 年。在这 4 年期间，乙公司每年都需要向甲公司支付 50 万元。对于甲公司而言，这笔资金就属于甲公司的长期应收款。

3. 长期股权投资。

长期股权投资是指，投资企业通过投资行为取得被投资企业的股权。例如，处于产业链下游的甲生产公司，通过投资获得了上游乙原材料公司 20% 的股份。这笔投资对于甲公司而言就是长期股权投资。需要注意的是，此时甲公司与乙公司是相互依存的关系，即通过长期股权投资，甲公司能够进一步保证其公司的原材料供应；但是，如果乙公司经营不善面临破产的话，甲公司也要承担相应的风险。

4. 工程物资。

工程物资指的是，用于固定资产建造的建筑材料（例如钢筋、水泥等）和企业（例如汽车制造企业、民用航空运输企业）的高价周转件（例如汽车的发动机、飞机的引擎）等。一般情况下，这些工程物资被购买回来以后，需要企业通过某项技术再次加工制造。例如，企业要自建仓库，就需要购买钢筋、水泥、玻璃等；汽车制造厂要组装汽车，就需要购买发动机等。

5. 投资性房地产。

投资性房地产是指企业为了赚取租金或资本增值，或者既想赚取租金又想资本增值的房地产。已经租出去的土地使用权或是已经租出去的建筑物都是投资性的房地产。例如，某工厂将其闲置的一所仓库租赁给一家企业，该工厂向企业收取的租金，就属于投资性房地产行为。

6. 固定资产。

固定资产是企业的劳动手段，也是企业赖以生存的主要资产。固定资产是指企业持有并使用时间超过 1 年的与企业生产经营活动息息相关的房屋、建筑物、机器机械等设备、器具和工具。例如，某公司出于创立和经营公司的需要，租赁办公区域并购买日常运营所需的办公桌、办公椅、电脑等办公设备，其中购买的办公桌、办公椅、电脑等办公设备，就属于固定资产的范围。

7. 在建工程。

在建工程指的是正在建设的工程，并未投入使用，最主要的支出就是新建、扩建、改建以及大修理工程等。

8. 无形资产

无形资产是指企业拥有或具有控制权、没有实物形态却具有辨识性的非货币性资产。无形资产分广义和狭义两种：广义的无形资产包括货币资金、金融资金、专利权、商标权等；狭义的无形资产包括专利权、商标权等。

9. 长期待摊费用。

长期待摊费用是指用于核算企业已经支出且摊销期限超过 1 年（不包含 1 年）的各项费用。例如，某公司为新购买的一批电脑缴纳了为期 2 年的质保费用，这笔质保费用就属于长期待摊费用。

2.4 什么是短期负债

短期负债通常也叫流动负债，主要指要在1年（包括1年）或者超过1年的每个营业周期内需要偿还的债务，其中包括短期借款、应付票据、应付账款、预收账款、应付工资、应付福利费、应付股利、应交税金、其他暂收应付款项、预提费用和1年内到期的长期借款等。

如果一个企业大量的短期负债是由短期借款构成的话，那么这个企业的财务风险就会升高。但事实上很多企业经营性负债是短期负债的主要构成部分。需要注意的是，这样的负债是随着企业的生产经营活动而产生的。所以，虽然短期负债比较多，但从侧面反映出了企业的生产经营能力的强劲。

例如，企业预收账款越多越好，因为这代表企业在产业链中处于较为优势的地位，即可以先收款后发货。

再如，企业应付职工薪酬较高，说明企业用工需求大。

又如，企业拥有大量应付账款也是好事，说明在原料供应商处获得了巨大的谈判话语权，可以占用供应商资金用于企业运营等。

通常，经营性负债不是什么坏事情，一般是随着企业产品销量产生。观察国内上市公司，很多优秀企业和龙头企业的经营性负债数量都很大，但这并不意味着其财务风险高，有兴趣的话可以查阅一下格力电器的年报，就能得到佐证。

2.5 什么是长期负债

长期的借款与应付款还有应付的债券等，都需要计入资产负债表中的长期负债一栏中。而所谓的长期负债就是期限在 1 年以上的债务。

衡量企业长期偿债能力的指标有很多，常见的有资产负债率、产权比率、利息保障倍数等。需要注意的是，这些数据通过财务报表并不能一眼就看出来，需要经过计算得出。

1. 资产负债率。

资产负债率是指通过债务融资得来的金额在资产总额中占多少，它是表示企业长期偿债能力的最为普遍的一个财务指标。资产负债率在一定程度上显示出了资产与负债之间密切的联系，即偿还负债的担保度。其计算公式为：

资产负债率 = 负债总额 / 资产总额 × 100%

总体来说，资产负债率越高，企业的负债也就越不安全，财务风险也就越大。但是如果从企业和股东的角度出发的话，资产负债率并不一定是越高越不好，因为如果资产负债率太低，往往意味着企业的财务杠杆没有得到充分的利用，即负债经营管理的优点没有得到充分利用。

2. 产权比率。

产权比率又被叫作负债与所有者权益比率，或资本负债率，代表着所有者权益对负债的保护程度。其计算公式为：

产权比率 = 负债总额 / 所有者权益总额 × 100%

产权比率直接体现出了负债与所有者权益之间的联系。

3. 利息保障倍数。

利息保障倍数，显示着利用公司的获利能力来支付债务利息，以及用公司的盈利能力来支付公司业务成果利息费用的能力的强弱。

从长期的角度来看，已获利息倍数应该至少大于1。如果这个比率小于1，则表明企业的经营资产还不够支付当时需要的利息。换言之，这意味着企业的支付利息能力比较低，企业的财政存在危机，企业必须密切关注。此外，还有一点需要注意，对一个公司和其所有者来说，利息保障倍数并不是越低越不好。

2.6 所有者权益意味着什么

"所有者权益"里的"所有者"在这里指的是公司的股东。因此"所有者权益"也可以称为"股东权益"。

学过财务知识的人应该都知道这样一个等式：

$$资产 = 负债 + 所有者权益$$

为了方便大家理解，我们把这个等式做一个变形：

$$所有者权益 = 资产 - 负债$$

从上面这个等式可以得出这个结论：所有者权益是资产减去负债后由所有者应享的一种剩余权益。即企业在一定时期通过经营后所拥有的或可控制的经济资产的净额。因此，所有者权益又被称为净资产。

简单来说，总资产和总负债的差额就是所有者权益，即净资产。在这里给大家举一个简单的例子：小帅经营一个小卖店，从房租、装修到最后的进货，一起算下来一共花费了将近 10 万元，其中有 6 万元是从银行借贷的，那么剩下的 4 万元就是"所有者权益"或"净资产"。

按经济内容划分，所有者权益可以分为投入资本、资本公积、盈余公积、未分配利润，如图 2.6 所示。

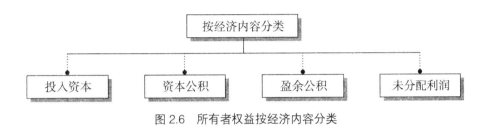

图 2.6　所有者权益按经济内容分类

1. 投入资本。

投入资本是在权益经营活动中，投资者实际投入其中的各种财产物资。它包括国家投资、法人投资、个人投资以及外商投资四种。

2. 资本公积。

资本公积（capital reserves）是指一个企业在生产经营过程中通过接受捐赠、股本溢价以及法定财产重估增值等形式得到的财产物资。

其中，资本公积一般都是由股东出资时股本溢价所产生的。如公司的注册资本是 1 亿元，但是股东出资 5 亿元，那么多出来的 4 亿元就是资本公积。

3. 盈余公积。

盈余公积是指企业在税后利润中提取而形成的、存留于企业内部、具有一定用途的收益积累。按照规定，盈余公积既可以用来弥补企业的亏损，也可以按法定程序转增资本金。

4. 未分配利润。

未分配利润是指企业已经获得的利润中未分配给企业所有者的，依然积累在企业中的，没有指定用途的，留待以后年度进行分配的利润。

第3章

利润表

3.1 利润表概述

利润表又称损益表或收益表，可以反映企业在一个会计期间的收入和费用、利得和损失，由此能够计算出企业在会计期间内的利润。为了方便大家了解，这里再放一张利润表例表。

表 3-1 利润表例表

编制单位：＿＿＿＿＿＿年度　　　　　　　　　　　　　　　　单位：元

项目	本月数	本年累计数
一、主营业务收入		
减：主营业务成本		
主营业务税金及附加		
二、主营业务利润		
加：其他业务利润		
减：营业费用		

续表

项目	本月数	本年累计数
管理费用		
财务费用		
三、营业利润		
加：投资收益		
补贴收入		
营业外收入		
减：营业外支出		
加：以前年度损益调整		
四、利润总额		
减：所得税		
少数股东损益		
五、净利润		

备注：本表只是模板，文字表述上可能会有变动，但主旨内容不会变化，请根据实际情况运用。

在利润表中，永远遵循着这样一道公式：

$$利润 = 收入 - 费用$$

由此我们可以看出，在企业经营活动中，利润表占据着非常重要的地位。因为通过利润表，我们能看出一家企业的经营情况：收入是多少、各种费用是多少、成本是多少、支出是多少，以及在各种收入与支出情况下，企业是盈利状态，还是亏损状态。

因此，请一定重视利润表。

3.2　什么是营业收入

营业收入是从事主要生产经营活动或其他业务所得的收入款项，指的是在一定时期内，企业通过销售商品或提供劳务所得到的货币收入。它包括主营业务收入和其他业务收入两种。用公式表示为：

营业收入 = 主营业务收入 + 其他业务收入

主营业务收入是指由企业经常性的、所经营的主要业务所产生的收入。例如，旅游服务业所收取的门票费用、餐饮费用就属于主营业务收入的范畴。在企业收入中，主营业务收入占据的比重大，对企业的经营效益起着至关重要的作用。

排除主营业务收入的收入范围就是其他业务收入。例如，材料销售、房地产开发收入、担保收入、废旧物资销售等都属于其他业务收入。相对于主营业务收入，其他业务收入在企业收入中占据的比重比较小。

无论是主营业务收入，还是其他业务收入，也无论它们各自在企业收入占据的比重是大还是小，它们共同组成的营业收入对企业经营都有举足轻重的作用。

1. 补偿企业生产经营耗费的资金就来源于营业收入。

营业收入对企业再生产的正常经营起着一定的决定性作用。因此，加强对营业收入的管理，可以在一定程度上补偿经营耗费，保证再生产活动的正常运行。

2. 企业主要经营成果体现在营业收入，企业取得利润的主要形式也是通过营业收入。因此，想要实现企业财务目标，一定要加强对营业收入的管理。

3. 企业现金流入量重要的组成部分就是营业收入。

对企业营业收入加强管理，可以让企业了解和掌握市场需求，进而做出相应且正确的经营策略，在避免盲目生产的同时提高市场竞争力，最终实现现金流入量的增长。

3.3 什么是营业成本

营业成本也称为经营成本、运营成本，是指企业生产商品、提供劳务等产生的成本。营业成本要与销售的产品或者提供的劳务所获得的收入进行配比。营业成本包括主营业务成本和其他业务成本两项。

图 3.3.1 营业成本组成部分

1. 主营业务成本。

主营业务成本是指企业销售商品、提供劳务等经常性活动所产生的实际成本。企业一般在确认主营业务收入时，会把已经销售的产品的劳务成本归入主营业务成本。

2. 其他业务成本。

其他业务成本指的是企业除了主营活动以外的所有成本，主要包括销售材料、出租固定资产的折旧额、出租包装物的成本、出租无形资产的摊销额等。

我们都知道，成本越少，得到的利益就会越多。这个道理也适用于企业经营。也就是说企业的营业成本越少，企业所获得的效益就会越多，经营效率就会越高。

3.4　营业费用与营业成本的区别

对于企业来说，成本一般可以分为生产成本和销售成本。在投入原材料、人工、机器，生产产品过程中已经投入的成本就是生产成本。如果生产完的产品销售给客户了，就变为销售成本了。如果产品全部销售完，那么这个时候生产成本和销售成本就是一样的。如果一部分销售了，另一部分没有销售，那么一部分变为销售成本，另一部分体现为存货。

因此，成本通常是针对产品而言的，从支出的角度来说可以理解为企业的主要花费。换句话说，为制造产品进行的花费就是成本。当然对于服务行业的企业来说，这里的制造产品可以用提供服务来替代。

从费用的性质来说，通常分为管理费用、销售费用、研发费用、生产费用、所得税费用，这其实就是利润表的项目，其中生产费用就等同于生产成本。

除了成本、费用外，利润表上还有支出、损失等项目，比如营业外支出、处置资产损失等，这些都是非常规业务使用的，因此就有了另外的名称。

3.5　什么是营业毛利

营业毛利是指企业产品销售总收入减去产品进价后的余额，用公式表示为：

营业毛利 = 营业收入 – 营业成本

毛利率反映的是在营业收入中毛利的占比，用公式表示为：

毛利率 = 毛利 / 营业收入 = （营业收入 – 营业成本）/ 营业收入

毛利率反映的是，在竞争激烈的市场环境下，如果一家企业能长期维持较高的毛利率，那就意味着企业有特定的竞争优势，能够在市场中获得额外的溢价。而这种竞争优势源于企业产品的稀缺性。这也就意味着如果企业产品同质化严重，那就只能获得市场平均收益，很难维持较高的毛利率。

因此，毛利率的高低，是企业产品市场定价能力最直观的反映。

不过，在看某个企业的毛利率时，也不能简单地说，毛利率高就一定是好企业。考虑到经济周期等外部因素，以及行业成本特性等内部因素对毛利率的影响，在实际分析时，还需要有一些额外的考量。

3.6　什么是营业利润

营业利润用公式表示为：

营业利润 = 营业收入 – 营业成本 – 营业税金及附加 – 销售费用 –

管理费用 – 财务费用 – 资产减值损失 + 公允价值变动损益

（ – 公允价值变动损失）+ 投资收益（ – 投资损失）

营业利润是企业最基本的生产经营活动的成果，也是企业最稳定的收入来源。在 2006 年，我国财政部颁布的《新企业会计准则——财务列报》中对营业利润进行了一定的调整，把投资收益也归入营业利润中，同时还取消了主营业务利润和其他业务利润的提法，补贴收入归为营业外收入，营业利润减去营业外收支即是利润总额。

通过营业利润可计算出营业利润率，公式为：

营业利润率 =（营业利润 / 营业收入）× 100%

营业利润率表示营业利润占营业收入的比重，反映的是企业全部经营业务的总体获利能力。其代表了企业通过生产经营获得利润的能力，营业利润率比率越高，说明企业的盈利能力越强。

3.7　什么是营业外利润

营业外利润也叫"营业外收益"，是指在企业生产经营活动中没有直接关系，应列为当期利润的收入，也是财务成果的组成部分。比如，没收包装物押金收入、罚款净收入以及收回调入职工欠款等。

此外，在企业的"利润表"中，营业外利润是单独标列的。

营业外利润的计算公式为：

营业外利润 = 营业收入 – 营业成本 – 期间费用 – 主营业务及附加

3.8 净利润与营业利润的区别

利润总额是在计算出营业利润的基础上，进行进一步的计算得出的，其公式为：

利润总额＝营业利润＋项目收益＋补贴收入＋营业外收入－营业外支出

然后，可以进一步计算净利润，其公式为：

净利润＝利润总额－所得税费用

通过以上两个公式，我们可以初步了解净利润与营业利润的区别。具体来说，净利润与营业利润的区别有以下三个方面：

1.营业利润中包括净利润，而净利润也叫纯利润。

营业利润中包括净利润，不过营业利润并不等同于利润总额，因此，编制者在计算出营业利润之后，还要进一步计算出利润总额，这样才能获得净利润的具体金额。由此可见，营业利润只能够说明企业经营的基本获利情况。净利润则是纯利润，只有计算出净利润之后经营者才会知道企业究竟是挣钱还是亏损。在实际工作中，净利润才是企业下一步发展的启动资金，也只有净利润才能够完全被经营者支配。

2.营业利润包括税费，而净利润扣除了税费。

营业利润中是包含各种税费的，企业不能忽视对于税费的规范化，更不能逃税漏税。企业在计算出准确的营业利润之后，还要精确地计算出应该缴纳的税费。

净利润是扣除了税费之后，企业所获得的真正利润。净利润不仅是企业一段时间内的经营成绩，而且是企业开发新产品、开拓新市场的启动资金。因此，净利润对于企业而言是真正的"命脉"。

3. 营业利润是初步利润，而净利润才是最终利润。

营业利润是企业的初步利润，其中还包括一些经营者不能够支配的利润，对这部分利润还要做一些相关处理。

净利润是企业经营获得的最终利润。而净利润的多少不仅能够证明企业现行的经营策略是否正确，而且能够反映企业在市场中所处的位置，以及企业经营是否能够满足市场的真实需求。

为了大家能够更清晰地掌握，最后附着一张区别总表。

表 3-2　净利润与营业利润的区别

营业利润	净利润
包括净利润	只是纯利润
包括税费	扣除了税费
初步利润	最终利润

3.9　影响利润的因素

利润指的是企业的经营成果，是成果具体的表现形式。影响企业利润的因素主要有产品的价格、产品的销售量和产品的固定成本。

表 3-3　影响企业利润的主要因素

影响利润的主要因素	1. 产品的价格
	2. 产品的销售量
	3. 产品的固定成本

1. 产品的价格。

商品的价格是商品价值的货币表现形式。商品的价值是根据生产这个商品所消耗的劳动时间来决定的，但劳动时间不能直接表示商品的价值，只能相对地表现在商品同另一件商品的交换比例上。

商品价格构成中的生产成本是制定价格的经济界限。在规定商品的价格时，要保证企业可以正常进行生产经营活动，至少应该收回生产成本，如果价格低于成本，企业消耗的社会劳动得不到补偿，便无法维持生产，必将影响企业的利润。

2. 产品的销售量。

产品的销售量是指企业在一定时期内出售的产品总量，包括按合同供货方式或者其他供货方式出售的商品数量，以及未到合同交货期提前交货的预交合同数量。一旦商品的销售量减少，那么企业的利润就会随之减少。

3. 产品的固定成本。

产品的固定成本是指成本总额在一定时期和一定业务量范围内，不受业务量增减变动影响而保持不变的成本。例如设备成本、厂房费用、管理人员工资等。固定成本上升会带动边际成本上升，均衡数量减少，均衡价格上升，利润减少，损失增大。

在如今市场竞争如此激烈的情况下，企业要把控好产品的质量，确定好产品的价格，拓展出多条销售渠道，这样企业的销售量才能提升，利润才能提高。

第4章

现金流量表

4.1 现金流量表概述

现金流量表是说明企业在一定营业期间内现金和现金等价物流入和流出的情况的报表。

所谓"现金"就是企业的库存现金和随时可以用于支付的资金;"现金等价物"就是企业持有的期限短、流动性强、不会有太大价值变动的投资。为了方便大家了解,这里再放一张现金流量表例表。

表 4-1 现金流量表例表

编制单位:＿＿＿＿＿＿＿年度　　　　　　　　　　　　　　单位:元

项目	行次	本月数	本年累计数
一、经营活动产生的现金流量:			
1.销售商品、提供劳务收到的现金			
2.收到税费返还			
3.收到的其他与经营活动有关的现金			

续表

项目	行次	本月数	本年累计数
现金流入小计			
1. 购买商品、接受劳务支付的现金			
2. 支付给职工以及为职工支付的现金			
3. 支付的各项税费			
4. 支付的其他与经营活动有关的现金			
现金流出小计			
经营活动产生的现金流量净额			
二、投资活动产生的现金流量：			
1. 收回投资所收到的现金			
2. 取得投资收益所收到的现金			
3. 处理固定资产、无形资产和其他长期资产而收到的现金净额			
4. 收到的其他与投资活动有关的现金			
现金流入小计			
1. 购建固定资产、无形资产和其他长期资产所支付的现金			
2. 投资所支付的现金			
3. 支付的其他与投资活动有关的现金			
现金流出小计			
投资活动产生的现金流量净额			
三、筹资活动产生的现金流量：			
1. 吸收投资所收到的现金			
3. 借款所收到的现金			
3. 收到的其他与筹资活动有关的现金			

项目	行次	本月数	本年累计数
现金流入小计			
1.偿还债务所支付的现金			
2.分配股利或利润或偿付利息所支付的现金			
3.支付的其他与筹资活动有关的现金			
现金流出小计			
筹资活动产生的现金净流量净额			
四、汇率变动对现金的影响额			
五、现金及现金等价物净增加额			

备注：本表只是模板，文字表述上可能会有变动，但主旨内容不会变化，请根据实际情况运用。

上面表格中，在对应的项目中，现金流量净额的计算公式可以表示为：

$$现金流量净额 = 现金流量数额 - 现金流量数额$$

现金流量表主要由三部分构成，具体划分为经营活动产生的现金流量、筹资等活动产生的现金流量以及投资活动产生的现金流量。

表4-2　构成现金流量表的主要三个部分

构成现金流量表的主要三部分	经营活动产生的现金流量
	筹资等活动产生的现金流量
	投资活动产生的现金流量

其中，财务人员最为关注的是经营活动产生的现金流量。经营活动所产生的现金流量是企业日常生产经营所产生的现金的流入和流出，可直观反映

企业在正常经营情况下创造现金的能力。

现金流量表作为企业财务分析的工具，决定了企业的短期生存能力，尤其是缴付账单的能力。

现金流量表给企业提供了运营是否健康的依据。如果一家企业的生产经营活动产生的现金流没有办法支付股利和保持股本，需要通过借款的方式满足这些需求，那么这家企业就需要有所警惕，因为该企业从长期来看没有办法维持正常生产经营活动下的支出。

4.2 现金流量表的结构及要素

现金流量表的数据不仅能够反映一个企业资金的流动性，更能够反映该企业的偿还债务能力和企业的变现能力。

那么现金流量表的结构和影响要素又是什么呢?

表 4-3　现金流量表简表

某公司 2019 年现金流出统计表	单位（元）
经营活动现金流出	3,760,120,000.00
投资活动现金流出	183,456,000.00
筹资活动现金流出	571,867,000.00
合计	4,515,443,000

1.现金流量表的结构。

（1）经营活动产生的现金流量。经营活动包括销售商品或提供劳务；购买货物、接受劳务；制造产品；广告宣传，推销产品；缴纳税费；职工工资福利等。

（2）投资活动产生的现金流量。投资活动应注意两点：投资活动内容既包括"对内投资"（购建固定资产、无形资产和其他长期资产等），也包括"对外投资"（购买股票债券、投资办企业等）；投资活动的现金流量既包括购置时的现金流出，也包括处置时的现金流入。

（3）筹资活动产生的现金流量。筹资活动也应注意两点：筹资活动既包括"资本"（接受现金投资），也包括"债务"；筹资活动的现金流量既包括现金流入，也包括现金流出。

2.现金流量表的要素。

现金流量表的三要素是：大小、流向和时间点。

首先，计算出经营活动现金流入、投资活动现金流入以及筹资活动现金流入占总流入的比例，了解现金的来源。通常来说，经营活动现金流入占总流入比例较大的企业，经营状况较好，风险较低。其次，计算出经营活动现金支出、投资活动现金支出以及筹资活动现金支出占总支出的比例，可以反映出企业的资金具体用于哪些方面。通常来说，经营活动支出占总支出比例较大的企业，生产经营活动较正常，现金支出较合理。

现金流量之所以对企业很重要，主要由于现金可以体现企业的购买能力，因此现金流量表对于企业的内部管理者和对企业的外部投资者做出怎样的决策有着重要的指导意义。

4.3 现金流量表数据的意义

现金流量表是反映一定时期内企业经营活动、投资活动和筹资活动对其现金及现金等价物所产生影响的财务报表。

其主要意义是：

1. 弥补了资产负债表信息量的不足。

根据制定的现金流量表，可以了解企业的经营活动、投资以及筹资活动。我们可以把企业在经营活动中所发生的现金流量与取得的净利润做对比，这样就能够站在现金流量的位置来掌握企业获得的净利润。

2. 便于从现金流量的角度对企业进行考核。

同时，我们还可以借助此表分析是什么阻碍现金的流入，最终由现金流量表来判断该企业的前景。

3. 了解企业筹措现金、生成现金的能力。

企业及时调整现金流量的规划和合理的使用现金，将使企业经营保持在最佳的状态。同时，这些现金流量分析可以为投资该企业的人提供重要的决策信息。

4.4 现金流量表的编制过程及方法

企业的现金流量表可以在彻底掌握企业的财务情况的基础上，为分析该企业的财务情况提供一个新的方法。同时，现金流量表对于决策者调整运营方案提供了十分重要的方向。

既然现金流量表意义重大，那么如何编制现金流量表就显得至关重要。

1.工作底稿法。

用工作底稿法编制现金流量表，即以资产负债表和利润表数据为基础，采用工作底稿这种手段，对各项项目进行分析，然后再编制调整分录，最终编制现金流量表。

采用工作底稿法编制现金流量表，首先要设计一张很大的工作底稿，依次将资产负债表、利润表、现金流量表自上而下排列成纵向的表格，这样就形成了现金流量表的工作底稿。

工作底稿法的编制过程如下。

（1）将资产负债表期初数和期末数过入工作底稿期初数栏和期末数栏，将利润表本年发生额过入工作底稿本期数栏。

（2）对本期经济业务进行分析并编制调整分录。

（3）将调整分录过入工作底稿相应部分。

（4）核对调整分录，满足钩稽关系：工作底稿借方合计 = 贷合计；资产负债表期初数 + （-）调整分录中的借贷金额 = 期末数；利润表项目中调整分录借贷金额 = 本期数。

（5）根据工作底稿中的现金流量表项目编制现金流量表主表。

表 4-4　运用工作底稿法绘制的现金流量表

项目 ＼ 年度	2016 年	2017 年	2018 年	2019 年
净利润	2299.82	10258.50	1642.25	1462.04
加：利息支出	5702.55	1763.81	916.55	1490.23
研发支出	1002.44	3172.73	3802.66	4037.63

续表

年度 项目	2016 年	2017 年	2018 年	2019 年
营业外支出	1389.03	198.30	359.70	46.41
各项准备金增加额合计	4263.69	−2467.92	844.57	669.26
减：营业外收入	1132.84	4281.81	1557.84	991.56
乘：1− 所得税税率	75.00%	75.00%	75.00%	75.00%
加：递延所得税负债增加额	−365.98	0.00	59.70	1050.86
减：递延所得税资产增加额	−1525.25	−1167.23	−684.39	1890.70
税后净营业利润	11302.78	7649.94	5250.02	4195.67

2. T 形账户法。

用 T 形账户法编制现金流量表，即以资产负债表和利润表数据为基础，采用 T 形账户法这种方式，对各项项目进行分析，然后再编制调整分录，最终编制现金流量表。

采用 T 形账户法编制过程如下。

（1）给所有的不是现金的项目开 T 形账户，将期末期初变动数过入各账户。

（2）开一个较大的 T 形账户，分为经营活动、投资活动以及筹资活动三部分，左边记录现金流入，右边记录现金流出，且过入期末期初变动数。

（3）将利润表作为基础，并结合资产负债表分析非现金项目的变动情况，据此来调整分录。

（4）将分录过入各个账户并核对，借贷相抵后的余额和开始过入的期末期初的变动数应相同。

（5）根据之前较大的现金 T 形账户法编制现金流量表。

表 4-5 运用 T 形账户法绘制的现金流量表

项目＼年度	2016 年	2017 年	2018 年	2019 年
资本总额	172161.79	234299.64	254434.25	291892.03
债务总额	69196.19	9500.00	23900.00	57900.00
权益总额	102965.60	224799.64	230534.25	233992.03
债务资本比例	40.19%	4.05%	9.39%	19.84%
权益资本比例	59.81%	95.95%	90.61%	80.16%
税后债务资本成本率	4.51%	3.74%	3.30%	3.46%
权益资本成本率	9.75%	5.69%	6.18%	8.36%
加权平均资本成本率	7.65%	5.61%	5.91%	7.38%

现金流量表的编制基础是收付实现制，因此，企业要对权责发生制确定的经营活动的净损益向收付实现制为基础的经营活动现金净流量转化。

4.5 现金流量表与资产负债表、利润表的比较

在实际财务管理工作中，会计免不了与三大财务报表打交道，也就是赫赫有名的"资产负债表""现金流量表"以及"利润表"。那么，这三者有什么区别呢？

1. 从计算公式方面进行比较。

资产负债表中的资产，其计算公式为：

$$资产 = 负债 + 所有者权益$$

利润表中的利润，其计算公式为：

$$利润 = 收入 - 费用$$

现金流量表的现金净流量，其计算公式为：

$$现金净流量 = 现金流入 - 现金流出$$

2. 从报表目的进行比较。

资产负债表反映的是企业的财务健康状况。

利润表反映的是企业的盈利状况。

现金流量反映的是企业资金运用、流动的状况。

3. 从表现形式进行比较。

资产负债表是静态属性的财务报表，利润表和现金流量表则是动态属性的财务报表。

对企业来说，三张表都很重要，缺一不可。很多人非常重视资产负债表和利润表，却常常忽视现金流量表。其实，要想真正了解企业经营，资产负债表、利润表、现金流量表都是不容忽视的。

4. 从钩稽关系进行比较。

现金流量表与资产负债表、利润表之间存在着一定的钩稽关系，主要表现为：

（1）利润表中的"未分配利润"项中的数字等于资产负债表中"未分配利润"项中的数字。

（2）利润表和资产负债表中的数据是制作现金流量表的基础，即对利润表和资产负债表中的各项数据进行分析并编制调整分录，进而编制出现金流量表。

第5章
所有者权益变动表

5.1 所有者权益变动表概述

所有者权益变动表可以全面反映构成所有者权益每个部分当期增减变动的情况，除了包括所有者权益总量的增减变动情况外，还包括所有者权益增减变动的重要结构性信息。

所有者权益变动表可以反映所有者权益的利得和损失，可以让企业管理者简单明了地了解所有者权益增减变动情况。

那么，所有者权益变动表的具体作用有哪些呢？

1.有利之处。

对投资者来说，所有者权益变动表提供了权益的变动明细情况，可以验证资产负债表、利润表和现金流量表的正确性，为投资者提供更多相关的信息。

2.不利之处。

对企业来说，增加了信息披露内容和成本，一定程度上减少了会计的可操作空间。

简单理解的话，所有者权益变动表是为了保护投资者利益而专门设立的一张表，可以非常清晰地展现所有者权益具体项目变动的情况。

5.2　所有者权益变动的列报说明

为了方便大家了解，这里再放一张所有权权益变动表例表（表5-1），并根据该表格进行所有者权益变动表各项目的列报说明。

表5-1　所有者权益变动表例表

项目	本年金额						上年金额					
	实收资本（或股本）	资本公积	减:库存股	盈余公积	未分配利润	所有者权益合计	实收资本（或股本）	资本公积	减:库存股	盈余公积	未分配利润	所有者权益合计
一、上年年末余额												
加：会计政策变更												
前期差错更正												
二、本年年初余额												
三、本年增减变动金额（减少以"—"号填列）												
（一）净利润												
（二）直接计入所有者权益的利得和损失												

续表

项目	本年金额						上年金额					
	实收资本（或股本）	资本公积	减:库存股	盈余公积	未分配利润	所有者权益合计	实收资本（或股本）	资本公积	减:库存股	盈余公积	未分配利润	所有者权益合计
1. 可供出售金融资产公允价值变动净额												
2. 权益法下被投资单位其他所有者权益变动的影响												
3. 与计入所有者权益项目相关的所得税影响												
4. 其他												
上述（一）和（二）小计												
（三）所有者投入与减少资本												
1. 所有者投入资本												
2. 股份支付计入所有者权益的金额												
3. 其他												
（四）利润分配												
1. 提取盈余公积												
2. 对所有者（或股东）的分配												
3. 其他												
（五）所有者权益内部结转												

项目	本年金额						上年金额					
	实收资本（或股本）	资本公积	减:库存股	盈余公积	未分配利润	所有者权益合计	实收资本（或股本）	资本公积	减:库存股	盈余公积	未分配利润	所有者权益合计
1.资本公积转增资本（或股本）												
2.盈余公积转增资本（或股本）												
3.盈余公积弥补亏损												
4.其他												
四、本年年末余额												

备注：本表只是模板，请根据实际情况运用，词语描述上可能会由变动，但主旨内容不会变化。

1."上年年末余额"项目，可以反映企业上年年资产负债表中的实收资本、盈余公积、资本公积以及未分配利润的余额情况。

2."会计政策变更"和"前期差错更正"项目，反映了企业用追溯调整法处理过的会计政策变更的影响和用追溯重述法处理过的会计差错更正的影响余额情况。为了将会计政策变更以及前期差错更正的影响可以体现出来，企业应该在上期期末的所有者权益余额基础上调整，得到本期期初的所有者权益情况，并根据盈余公积、利润分配以及损益情况分析填列。

3."本年增减变动金额"项目分别反映以下内容：

（1）"净利润"项目，是企业当期的利润减去所得税以后的余额，也可以理解为企业税后利润，其反映了企业的净利润的多少，它应该被对应列在"未分配利润"一栏。

这里解释一下所得税。所得税就是企业按照法律规定的标准将得到的利润总额的一部分上缴国家，所得税是企业所的利润总额需要扣减的一个项目。

净利润是企业生产经营的最终成果，是衡量企业生产经营效益的重要指标，企业的净利润多，则表示其经营效益越好，企业的净利润少，则表示其经营效益差。

（2）"直接计入所有者权益的利得和损失"项目，利得或损失是由两部分构成的，一是直接计入所有者权益；二是计入当期损益的营业外收入或营业外支出。

（3）"所有者投入和减少资本"项目，当年所有者投入的资本和减少的资本都在这一项中被反映出来。

其中，"所有者投入资本"项目，反映了投资者投入资本后，该资本形成的实收资本、资本溢价以及股本溢价，并对应列在"实收资本"和"资本公积"一栏。股份支付计入所有者权益的金额项目，反映了企业处于等待期中的权益结算的股份支付当年计入资本公积的金额，对应列在资本公积一栏。

（4）"利润分配"下各项目，反映了当年所有者（或股东）分配得到的利润数额和按照规定提取到的盈余公积数额，并对应列在"未分配利润"和"盈余公积"一栏。

其中：

①"提取盈余公积"项目，反映的是企业按照规定提取的盈余公积。

②"对所有者（或股东）的分配"项目，反映的是对所有者（或股东）分配的利润数额。

需要注意的是，"盈余公积"和"未分配利润"是企业的留存收益，"盈余公积"是企业每年从税后的利润中提取的用于企业转增资本或集体福利设施或向投资者分配利润;"未分配利润"是企业滚存的收益. 也可以用来转增资本。

（5）"所有者权益内部结转"下的各个项目，是在对所有者权益总额的所有者权益各组成部分之间的增减情况没有影响的前提下产生的，其中包括资本公积转增资本（或股本）、盈余公积转增资本（或股本）、盈余公积弥补亏损等金额。

为了更全面的反映出所有者权益各部分的增减情况，所有者权益的内部结转也成了所有者权益变动表的重要组成部分，它的存在是不影响所有者权益总额、所有者权益各部分的增减情况。

其中：

①"资本公积转增资本（"项目，反映的是企业以资本公积转增资本或股本的金额。

②"盈余公积转增资本或股本）"项目，反映的是企业以盈余公积转增资本或股本的金额。

③"盈余公积弥补亏损"项目，反映的是企业以盈余公积弥补亏损的金额。

④其他。

5.3 所有者权益变动表的编制过程及方法

所有者权益变动表的编制过程及方法如下：

1. 所有者权益变动表各项目均要填列"本年金额"和"上年金额"两项。

2.所有者权益表变动表中"上年金额"内的每一项数字,应根据上年度所有者权益变动表中"本年金额"内所列数字列出。

3.当上年度所有者权益变动表规定的各个项目的名称、内容与本年度所有者权益变动表规定的各个项目的名称、内容出现不相同的情况时,应及时按照本年度所有者权益变动表规定的各个项目的名称和内容将上年度所有者权益变动表各个项目的名称和数字进行调整,并填入所有者权益变动表的"上年金额"栏内。

4.所有者权益变动表中本年金额栏内各项数字,一般应根据实收资本、资本公积、盈余公积、未分配利润、所有者权益合计等科目的发生详细填列。

5.所有者权益变动的组成部分,反映的是企业的净利润以及分配情况,因此,不需要单独设置利润分配表。

这样大体就构成了一张企业的所有者权益变动表。

表 5-2　所有者权益变动表编制

项目	本年金额					上年金额				
上年金额	实收资本	资本公积	盈余公积	未分配利润	所有者权益合计	实收资本	资本公积	盈余公积	未分配利润	所有者权益合计
会计政策变更										
前期差错更正										
本年年初金额										

5.4 什么是资本公积

资本公积是指企业在经营过程中由于接受捐赠、股本溢价以及法定财产重估增值等原因所形成的公积金。由于资本公积是所有者权益的有机组成部分，而且它通常会直接导致企业净资产的增加，因此，资本公积信息对于投资者、债权人等会计信息使用者的决策十分重要。

1.资本溢价是企业在筹集资金的过程中，投资人的投入资本超过其注册资金的数额。

例如：甲、乙、丙三人各出资200万元组成了某有限责任公司，创立时实收资本为400万元。经过五年的发展，该企业的留存收益为200万元，这时又有丁投资者申请加入，并提出其资本要占公司注册资本的25%。原三位投资者已经同意，那么丙的出资额有多少。

丙的出资额 =（400+200）/ 75% × 25% = 200万元。

根据计算，其中的150万元计入注册资本，50万元作为资本公积，会计分录为：

借：银行存款　　　200

贷：实收资本　　　150

资本公积　　　　　50

2.其他资本公积是除了资本溢价外，企业接受外界捐赠的非现金资产、股权投资、拨款转入、外币资本折算差额以及关联交易差价等各个项目形成的资本公积。

其他资本公积的来源有以下几种形式：

（1）可供出售的金融资产公允价值变动。

（2）企业根据以权益结算的股份支付协议授予职工或其他方的权益工具的公允价值。

（3）现金流量套期中，有效套期工具的公允价值变动。

（4）长期股权投资是用权益法进行核算的，其在持股比例不变的前提下，被投资人除了损益以外的其他所有者权益变动引起的长期投资股权价值的变化情况。

（5）自用房地产或者存货转换都是用公允价值模式计算的投资性房地产，转换日投资性房地产的公允价值一般高于原来账面上的差额。

5.5　企业盈余公积的计算方法

盈余公积是公司根据规定从净利润中提取的企业积累资金。

盈余公积按用途分为公益金和一般盈余公积金。其中公益金多用于公司职工福利事业的支出。根据目前国家的规定，上市公司按税后利润的5%~10% 提取法定公益金。

盈余公积计算公式为：

$$法定盈余公积 = 当年净利润 \times 10\%$$

例如：某上市企业在 2019 年因运营效益较好，最终实现净利润 100 万。根据公司法的相关规定及其股东大会的决定，做出以下裁定：按 10% 的比例提取法定盈余公积，按 3% 的比例提取任意盈余公积。相关分录编写如下：

提取法定盈余公积 = 净利润 × 提取比例 =1000000×10%=100000（元）

提取任意盈余公积 = 净利润 × 提取比例 =1000000×3%=30000（元）

借：利润分配——提取法定盈余公积　　100000

　　　　　　——提取任意盈余公积　　30000

贷：盈余公积——法定盈余公积　　100000

　　　　　　——任意盈余公积　　30000

需要注意的是，盈余公积是根据企业一年的利润所提取的，因此，会计只需在每年的年末做一次盈余公积的计提即可。

5.6 什么是企业的留存收益

企业的留存收益指的是企业在之前的利润里留存的内部积累，主要包含了盈余公积以及未分配利润。

盈余公积是指企业按照相关规定从净利润中提取的积累资金。法定盈余公积和任意盈余公积是公司制企业的盈余公积的组成部分：法定盈余公积指的是企业按照比例，从净利润之中提取的盈余公积；任意盈余公积是企业通过股东大会决议决定的数额提取的盈余公积。

未分配利润是企业的净利润弥补亏损、提完公积，分配完利润后留存于企业的利润，相比较所有者权益的其他部分，企业对未分配利润的自主权较多。

第6章

附注

6.1　财务报表附注概述

财务报表附注的基本用途就是对报表（资产负债表、利润表、所有者权益变动表、现金流量表）做的解释说明。因此，财务报表为主体，附注为辅，在看附注前必须看财务报表。也就是说，如果财务报表的使用者对财务报表有疑问，需要他们结合财务报表附注来理解报表中的数据。

1.附注不仅要包含公司的基本信息这一主要内容，更要包含以下内容：

（1）注册地、组织形式和总部地址。

（2）企业主营业务及性质。

（3）母公司和集团最终的母公司名称。

（4）企业财务报告的批准报出者，批准报出日期。

（5）有关营业有效期限的披露。

表6-1 公司的基本信息

附注的主要内容	公司的基本信息				
	注册地、组织形式和总部地址	企业主营业务及性质	母公司和集团最终的母公司名称	企业财务报告的批准报出者，批准报出日期	有关营业有效期限的披露

2.财务报表附注的作用。

财务报表附注是报表的重要组成部分，是对报表难以表达的内容做出的充分解释说明。首先，它拓展了企业财务信息的内容，打破了三张主报表，即资产负债表、利润表、现金流量表必须符合会计要素的定义，同时又满足了可靠性的限制；其次，它突破了揭露项目必须用货币计量的局限性；再次，它增加了会计信息的可理解性；最后，它提高了会计信息的可比性。

6.2 财务报表附注的特点

附注是对财务报表的文字说明，具有附属性、解释性、补充性、建设性、重要性以及必要性等特点。

1.附属性。

财务报表与附注之间是主次的关系：财务报表处于主要地位，附注处于次要地位。如果没有财务报表，附注就失去了意义，其功能也就全部丧失；但如果没有附注的延伸、说明，财务报表的功能就得不到很好的实现。可以说，财务报表和附注之间是相辅相成的关系，共同形成一个完善的整体。

2. 解释性。

财务报表可以说是被压缩以后的会计信息。企业会因为复杂的业务对财务报表的编制采取不同的会计政策，因此企业要用附注对财务报表的编制基础、过程、方法、依据和原则进行说明，增加信息的可理解性。

3. 补充性。

财务报表附注是对财务报表内容的拓展，它打破了三张主要报表内容必须符合会计要素的规定，满足了相关性和可比性，还突破了揭示项目必须用货币计量的局限性。通过报表附注的内容说明，再加以某些统计材料或者定性信息，以此来弥补财务信息的不足之处，从而揭示出企业面临的机会与竞争，体现出企业的价值。财务报表附注对于保证信息的完整性，帮助企业的管理者做出决策提供了很大帮助。

4. 建设性。

财务报表除了可以解释和补充财务报表的内容，还可以对财务报表进行分析、评价，然后提出针对性的意见和建议。例如，可以通过市场占有率，了解企业在市场中的地位，发现企业的优点和不足，改进企业的管理方式和经营策略，提高生产效率、商品质量以及市场占有率。另外，在财务报表附注里披露企业的员工福利等信息，有助于树立良好的企业形象，帮助企业健康稳定发展。

5. 重要性。

财务报表附注的重要性主要体现在以下几个方面：

（1）会计信息的相关性和可靠性。

会计信息既要保证相关，又要保证可靠，这是会计信息的两个基本特征，但是财务会计本身具有局限性，因此想要相关性和可靠性同时兼得是不可能的。然而，附注的出现让这种不可能变成了可能。例如，因为发生的不确定性，而被主表拒之门外的或有事项，通过附注来进行揭示，既不会降低会计信息的可靠性，也会提高信息的相关性。

（2）增强信息之间的可比性。

会计信息需要多方面的因素形成，其中经济环境的影响，行业的不同特点，以及各个企业不同时期的行业变化等都会降低企业之间会计信息的可比性和企业会计信息的一贯性。财务报表这时候就可以通过披露企业的会计政策和估计的变更情况，让投资者能够看清该企业会计方法，不被误导。

（3）与财务报表的不可分割性。

财务报表附注就是财务报表的补充说明，主表是根，没有主表，附注也就失去了灵魂。但是如果没有附注的适当补充，财务报表的功能就不能很好实现。

6. 必要性。

（1）全面了解企业状况。

会计信息要能充分地反映一个企业的财务状况，不可以有意隐瞒重要的财务数据，要真正遵循充分披露的原则。由于外部与企业真实信息的不对称性，作为会计信息的使用者，要想真实地了解企业，就要依靠企业提供的各项资料，因此对企业披露的真实性和充分性就有了更高的要求。从横向来说，不论是有利的信息还是不利的信息，都应该披露；从纵向来说，要进行全方位，更深层次的披露。但由于多种因素的限制，仅靠财务报表可能无法达到此要求，因此财务报表附注就显得尤为重要。

（2）对财务报表信息披露压力的考虑。

信息的需求方希望得到更全面的信息，便于他们做出正确的决策，这无形中增加了财务报表披露信息的压力。可是，财务报表信息的披露有一定的限度，披露过多可能会适得其反。披露的效益高于成本，企业才有披露信息的可能。然而，信息需求者正是依靠重要性的信息了解企业的财务状况和经营成果，从而做出决策。过多的披露不仅不会对决策起到作用，反而影响使用者的判断，甚至产生误导，造成损失。财务报表附注将一些不符合成本效益原则和重要性原则的信息收入其中，缓解了财务报表信息的压力，有效解决了信息使用者和企业之间的矛盾。

（3）增强财务报告的灵活性。

财务报表因其固有的形式和存在方法，使得表内的信息不能够全面地反映企业的情况，但是财务报表附注则弥补了这一弊端。它相对来说更加灵活，使表内信息更加完整，更容易使信息需求者理解。严格来说，财务会计在确认计量上是有标准的，因此，一些与决策相关的信息是不能写入财务报表的，但是如果忽视这些，就会使信息需求者难以做出正确的决策。目前，财务报表附注没有特定的规范，可以采用多种计量的手段和格式，将无法列入表内的信息进行披露。这种设置有利于全面反映企业的状况，提高财务报告的水平。

（4）保持原有报告模式的需要。

随着经济环境的变化，会计标准的制定往往落后于会计实务的发展，为了满足信息需求者对有用信息的需要，就要对财务报表内容进行不断的变革。一般可以依靠制度和准则重新进行指导和规范，但是这一方法费时费力，不利于保证信息的一贯性和可靠性。因此，运用财务报表附注的形式对财务信息进行披露，是在原有财务报表基础上的完善，也是人们已经接受的方式。

最后，附着一张财务报表附注的特点总图，以便大家更好掌握，如图6.2.1所示。

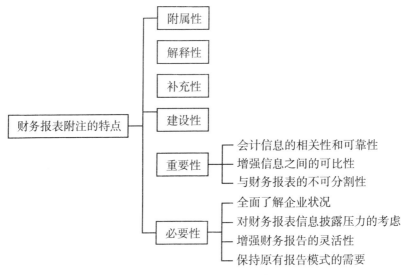

图 6.2.1　财务报表附注的特点

6.3　如何读懂财务报表附注

在财务报表披露之后，通常会有财务报表附注，而且往往只有年报才会有附注。

年报上的财务报表只有十几页，但财务报表附注可多达几十页甚至上百页，且有很多晦涩难懂的内容。那么，如何读懂并理解财务报表附注呢？

其实，可以从财务报表附注披露的内容中读懂财务报表附表。那么，财务报表附注披露了哪些内容呢？如图 6.3.1 所示。

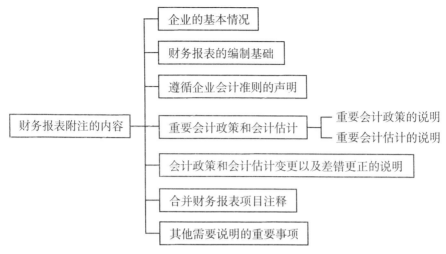

图 6.3.1　财务报表附注披露的内容

1. 企业的基本情况。

其主要包括企业的具体情况和合并报表的范围，使得投资者可以大概了解企业的基本经营状况和经营方向。

2. 财务报表的编制基础。

这一部分包括编制基础和持续经营，除非退市等极端情况，此处一般是不会出现问题的。

3. 遵循企业会计准则的声明。

此处会有一些企业根据实际情况标记出具体的会计政策和估计，包括折旧、收入以及坏账准备等相关政策。

4. 重要会计政策和会计估计。

根据财务报表列报准则的规定，企业要披露采用的重要会计政策和会计估计，不重要的会计政策和估计则可以不披露。

（1）重要会计政策的说明。

因为企业的经济业务具有复杂性和多样化的特点，所以一些经济业务可以有多种会计处理方法，即存在多种可供选择的会计政策。例如，存货的计价可以有先进先出法、加权平均法、个别计价法等；固定资产的折旧，可以有平均年限法、工作量法、双倍余额递减法、年数总额法等。企业选择不同的处理方法，可能会影响企业的财务情况和经营成果，所以一定是从允许的方法中选取合适的会计政策。而为了有利于信息需求者的理解，有必要对具体的会计政策加以披露。

（2）重要会计估计的说明。

财务报表准则做出了要对会计估计的不确定因素进行披露，企业要披露会计估计中的假设和不确定因素的依据。因为这些假设和不确定因素也许会在下一个会计期间对资产和负债账面价值进行调整。

5. 会计政策和会计估计变更以及差错更正的说明。

企业应按照《企业会计准则第 28 号——会计政策、会计估计变更和差错更正》及其指南的规定，披露会计政策估计变更以及差错更正的情况。

6. 合并财务报表项目注释。

如果企业需要将文字和数字结合起来进行描述的时候，在财务报表上往往难以实现，而通过附注不仅可以披露财务报表中的重要项目的构成，还可以同时披露当期增减变动情况。不过，必须遵照先披露资产负债表，然后披露利润表，其次披露现金流量表，最后披露所有者权益变动表的顺序及其项目列示的顺序。

7. 其他需要说明的重要事项。

其他需要说明的重要事项主要包括资产负债表日后非调整事项、承诺事项、关联方关系及其交易等，具体的披露要求应遵循准则的规定，分别参见对应章节的内容。

对于投资者来说，财务报表附注里的关于会计政策、会计估计等概念性的内容是可以忽略不计的，而看财务报表附注时应着重关注以下几点：

1. 企业基本情况。

这一部分内容重点看企业所在的行业、经营范围、规模，以及合并范围的变化。有些上市公司为了把报表做得好看，会剥离一部分业务，可以从合并范围体现出来。

2. 会计政策和会计评估变更情况。

除了营改增这类大范围的会计政策变更或者准则要求必须修订外，有部分企业会通过会计评估的变更来实现利润的修饰。而这类企业最常用的会计估计变动是固定资产折旧和应收账款坏账准备。

比如，大量钢铁企业近几年通过调整折旧年限，实现巨额的利润。

再者，2017 年 6 月，长城影视发布公告，通过坏账准备计提比例的调整，"凭空"增加了约 6000 万净利润。

这样的会计评估的变更情况都会因为压力而去调整利润，因此，如果企业对会计评估变更情况进行了调整，一定是为了制造更加好看的利润。

3. 应收款项的大客户清单。

按照规定，上市公司要对前五大客户进行披露，其中一些会进行实名披露，另外一些则会进行匿名披露。对比来讲，实名披露往往要比匿名披露更具权威性。如果该公司的前几大客户长期固定，并且销售收入占比很高，则说明这家公司的抗风险能力比较弱。在该公司所服务的行业不景气的时候，将面临把所有鸡蛋放在同一个篮子里的风险。比如为电力、钢铁、石油化工或者大型汽车公司提供零部件的上市公司。

电器行业上市公司 2015 年度至 2019 年度共 5 年的环境会计信息披露情况方式多样，主要包括财务报表附注、董事会报告、社会责任报告等方式。具体披露数量和水平如下表所示：

表6-2　电器行业上市公司披露数量和水平

年度	披露水平		披露方式		
	披露数量(个)	比例(%)	财务报表附注	董事会报告	社会责任报告
2015 年	20	80	20	14	13
2016 年	21	84	21	11	12
2017 年	21	84	21	12	12
2018 年	21	84	21	12	13
2019 年	22	88	21	13	13

通过分析表6-2的数据发现，整体上来说，电器行业在会计信息披露方面有着较高的水平。首先，2015年至2019年期间，披露率始终维持在80%以上，说明电器行业普遍具有较高的环境会计信息披露意识，大多数企业能够根据相关部门的要求对和会计有关的信息进行披露。其次，披露的企业数量从20家涨到22家，上涨率8%，说明越来越多的企业意识到会计信息披露的重要性，会计信息披露正向着更好的方向发展。

为了更加直观地体现不同的披露方式和不同的披露比例在整个电器行业的普及情况，我们又对电器上市公司各种方式的披露百分比、全行业披露量的平均值以及标准差进行了测算。

表6-3　电器行业上市公司披露比例值

年度	财务报表附注		董事会报告		社会责任报告	
	个数	比例（%）	个数	比例（%）	个数	比例（%）
2015 年	20	80%	14	56%	13	52%
2016 年	21	84%	11	44%	12	48%

年度	财务报表附注		董事会报告		社会责任报告	
	个数	比例（%）	个数	比例（%）	个数	比例（%）
2017 年	21	84%	12	48%	12	48%
2018 年	21	84%	12	48%	13	52%
2019 年	21	84%	13	52%	13	52%
平均值	20.8	83%	12.4	50%	12.6	50%
标准差	0.40	0.02	1.02	0.04	0.49	0.02

纵向比较来看，财务报表附注披露的环境信息呈现递增状态，从 2015 年的 80% 递增到了 2019 年的 84%，上涨了 4%；5 年间维持在 80%~84% 之间，比较稳定。其他报表信息 5 年间略有上下浮动，但是整体上趋于稳定。董事会报告 2019 年度比 2015 年度下降了 4 个百分点，社会责任报告 2017 年度和 2016 年度持平。

横向比较来看，财务报表附注披露率最高，达到 80% 以上，5 年平均 83.2%；而董事会报告和社会责任报告基本维持在 50% 左右，比财务报表附注低了 30% 左右。

4. 金融资产。

关注购买理财情况可以看出，长期、大量购买理财产品的公司是效益比较好的公司。

5. 关联交易。

许多上市公司通过关联交易进行利益输送，实现高额利润，因此关联交易的必要性和合理性需要格外关注。

6. 固定资产和在建工程。

重资产（固定资产占比例较高的）企业为了盈余管理，有可能会在在建工程转资的环节做一些手脚，通过延迟转资实现少提折旧、调剂利润的效果。

7. 投资收益。

众多企业已经把投资收益用得炉火纯青，正是这些非经常性的投资收益，让这些公司一次次"保壳"成功。

以上就是财务报表不可或缺的部分，是投资者们必须也必然会去研究的部分。

进阶篇——财务报表分析

第7章
财务报表分析

7.1 财务报表分析的主要内容和步骤

财务报表是了解企业的重要途径，它可以反映企业的财务状况和经营活动，还可以深入地反映企业管理层的管理能力、未来发展趋势、企业竞争力以及存在的风险。

然而，很多初学者在看完一份财务报表以后，脑海里除了数字，别无其他，不能像有经验的人那样通过数字对企业做出判断。此时，我们就需要有一个分析框架，将复杂的数据简单化，从而更好地分析企业状况。所谓的分析框架就是搞清楚财务报表分析的主要内容。财务报表分析的主要内容如下：

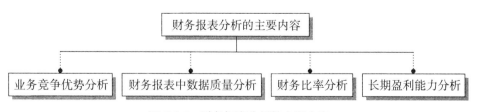

图 7.1.1　财务报表分析的主要内容

1. 业务竞争优势分析。

业务竞争优势分析指的是企业在同行业竞争中自身所拥有的优势，例如成本优势、规模优势、技术优势以及管理优势等。这种优势可以通过盈利能力和现金能力反馈在财务报表中。当然，这种竞争优势具有可持续性，而不是这两年有，过两年没有。

如何判断企业有哪些可持续的竞争优势？对财务报表进行分析就能看出来。例如，分析同行业的财务报表，如果某企业的营业利润高于同行业的平均水平，说明该企业的产品具有很好的市场竞争力。

表 7-1 财务报表分析

年度 项目	2015 年	2016 年	2017 年	2018 年	2019 年
营业收入	27,381,861,669.05	38,911,141,418.02	48,101,154,759.50	57,482,698,073.15	71,094,296,984.46
营业收入变动率	–	0.42	0.24	0.20	0.24
营业利润	2,298,178,835.88	387,905,062.16	1,401,069,627.97	3,686,591,729.85	6,448,970,480.99
营业利润变动率	0	−83.12%	261.19%	163.13%	74.93%
营业税金及附加	614,720,816.78	110,448,083.40	185,521,149.31	203,300,318.34	199,191,336.78
营业税金及附加变动率	–	−82.03%	67.97%	9.58%	−2.02%

2. 财务报表中数据质量分析。

数据质量，体现在财务报表的真假或者某些科目对财务报表的贡献上。财务报表的真假指的就是财务是否造假，某些科目对财务报表的贡献指的是某科目相对于其他科目的占比。例如，利润表中的经常性损益或投资收益占总营业收入的比重。对于很多企业来说，非营业收入产生的损益具有不稳定性，也就是不可持续性，在分析财务报表时就应该提出相应的科目再分析。

表 7-2　财务报表数据质量分析

项目	2018 年	2019 年	变动
营业收入	3,183,246	3,300,864	3.69%
营业成本	2,655,385	2,850,472	7.35%
营业税金及附加	18,036	20,452	13.40%
销售费用	225,186	227,641	1.09%
管理费用	96,983	115,929	19.54%
财务费用	−2,453	11,091	−
资产减值损失	11,252	5,826	−48.22%
投资收益	4,686	19,428	314.60%
营业利润	183,543	111,962	−39.00%
营业外收入	34,432	6,123	−82.22%
营业外支出	10,883	4,254	−60.91%
利润总额	207,092	113,831	−45.03%
所得税费用	28,176	13,591	−51.76%
净利润	178,916	100,239	−43.97%

3. 财务比率分析。

财务比率分析指的是通过每个财务科目间的联系，再通过简单的运算得到一定意义的财务比率，并对这些财务比率进行比较。一般只要对财务比率分析和归类就可以知道企业的盈利能力、债偿能力以及运营能力的情况，然后结合这三方面就可以对企业进行科学的判断。

4. 长期盈利能力分析。

长期盈利能力分析是对企业发展趋势的分析，是通过对企业多年财务报表的分析预测企业未来盈利的能力。这是对报表科目的综合分析，通过对企业多年财务报表的分析，预测出企业的销售收入增长率、自由现金流以及净利润增长率等。

下面以某公司为例，分析其长期盈利情况。

表 7-3 某公司盈利能力分析

项目 \ 年度	2016 年	2017 年	2018 年	2019 年
销售净利率	2.87%	12.32%	1.36%	1.40%
成本费用利润率	3.96%	15.83%	3.08%	1.03%
净资产收益率	2.70%	7.05%	0.79%	0.68%
总资产报酬率	39.75%	59.35%	74.82%	68.95%

由表 7-3 可知，这家公司的各项盈利指标从 2017 年基本走下滑路线。销售净利率在 2016-2019 年期间，只有 2017 年超过 10%，其余三年都在 5% 以下，在 2018 年更是下降了 88.94%，这说明企业的盈利能力在大幅度下降，主营业务的收入非常不理想。而成本费用利润率在 2018 年和 2019 年分别下降了 80.52% 和 55.54%，这表明企业的成本控制出现了问题，企业为获取利润付出的代价越来越大。而净资产收益率在这四年当中，都处在 10% 以下，表明该公司的自有资本获益能力低下，股东权益得不到很好的保障。该公司的总资产报酬率也偏低，说明企业的资产利用能力不佳。总而言之，通过盈利指标结果分析来看，该公司 2016 年至 2019 年的盈利能力在下降，应引起管理者的重视。

清楚分析财务报表的主要内容，也要掌握分析财务报表的步骤。步骤如图 7.1.2 所示。

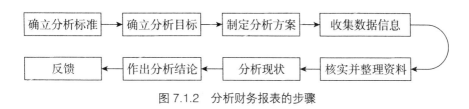

图 7.1.2　分析财务报表的步骤

1. 确立分析标准。

此步骤要解决两个问题：一是站在什么立场进行分析，二是用哪种标准进行分析。由于使用财务报表的人立场不同，因此目的也不尽相同。在对财务报表比较的过程中，必须要有一个客观的评判标准，并以此来衡量报表的资料，从而客观地分析企业的财务状况和经营成果。

2. 确定分析目标。

（1）信用分析目标，主要分析企业的支付能力和偿债能力。

（2）投资分析目标，主要分析投资的盈利性和安全性。

（3）经营决策分析目标，为企业商品、生产结构以及发展战略的调整服务。

（4）税务分析目标，主要分析企业的收入支出情况。

3. 制定分析方案。

分析的目标确定以后，要根据分析量的难易程度和多少制定分析方案。例如，要进行重点分析或全面分析，选择分工负责还是合作负责，都要列出分析的项目，然后安排工作进度，确定时间以及内容。

4. 收集数据信息。

确定方案后，根据要分析的任务熟悉所需的资料。因为企业的所有经营活动都是与内外部环境相关联的，并且会计信息只是反映经营活动在特定时期的成果，并不能反映经营活动发展的过程，财务报表也只能反映产生结果的原因不能揭示分析的问题，因此，需要分析者收集相关信息。

收集的相关数据信息包括：宏观经济信息、行业信息、企业内部数据等。这些都可以通过查找资料、开座谈会等渠道获得。

5. 核实并整理资料。

核实财务报表反映的情况是否属实，是否与收集到的资料有较大出入。当企业内部分析时发现资料或数据不真实，可以进一步查对，搜寻真实数据，但企业外部分析者遭遇这种情况，处理起来就相对困难一些。

对于资料的整理，最重要的一项便是对资料进行分类，可以按时间先后顺序排列分成经济、产业以及个别公司等三类。分类以后，把重复的、过时的、矛盾的资料去除，减少不必要的负担，再进行企业概况整理。

6. 分析现状。

根据分析的目标和内容，评价收集到的资料，寻找数据之间的关系。接着，联系企业环境情况，揭示形成现状的原因，揭露经营的失误，暴露现有的问题，提出意见和改进的方法。

7. 作出分析结论。

由于企业经营活动和外部环境具有复杂性和多变性的特点，我们在分析财务报表时一定要遵守以下原则。

（1）多收集资料，掌握真实情况。

因为财务报表分析之间具有相关性，所以在分析前，既要掌握分析目标的资料，又要了解相关指标的关系；既要关注企业内部的资料，又要收集企业外部环境的情况；既要有数据资料，又要有文字意见。

（2）静态与动态相结合。

企业的经营活动是动态的，而财务报表分析中收集的资料一般是过去的反映。在新的形势下，同样的投入可能有不同的回报，因此要注意数值的时间性。在弄明白过去的基础上，分析当前情况的结果，使动态与静态相结合，对指标值做出判断，从而为决策服务。

8. 反馈。

反馈就是将新资料投入到下一个资料系统，希望能够改善产出，使结果和决策更加明确。由于经济的发展是不确定的，时间也在不断变化，新资料也在产生，之前重要的资料可能会变的次要，次要的资料可能会变的重要。因此，财务报表分析是一个连续的过程，新资料的反馈也很重要。

财务分析是帮助企业经营发展的重要手段，通过对企业投资收益能力、企业资金周转状况的分析，可以了解企业的经营现状和潜在的问题，为企业长期稳固发展提供重要依据。因此，掌握分析财务报表的方法和步骤至关重要。

7.2　财务报表的八个入门知识

通过分析企业财务报表中一系列财务数据，可以分析出该企业当前的运营状况。

为了方便大家了解和分析财务报表，接下来讲解八个财务分析的入门知识。

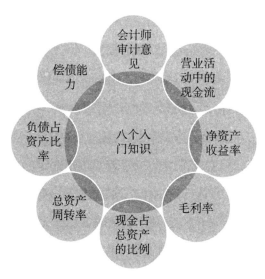

图 7.2.1　财务报表的八个入门知识

知识一：会计师审计意见。

会计师审计意见指的是见证类审计的结论。例如，后附的财务报表在重大方面按照企业会计准则进行编制，公正地反映出公司的财务情况以及经营成果。

作为 A 股市场的上市企业，需要在证监会规定的时间内披露企业的财务状况。每年财务报表的披露有四次，分别为一季报、半年报、三季报、年报。一季报为每年 4 月底前公布完毕，三季报为每年 10 月底以前公布完毕，半年报为每年 7 月起到 8 月底，年报为每年 1 月起到 4 月底。

企业公布财务报表需要有会计师事务所的协助，会计师在整理发布财务报表时会给出审计意见，以下是 5 种会计师审计意见的大体格式以及其内在含义：

1. 标准无保留意见——会计师审计意见常用格式，表示报表内容没有问题。

2. 带强调事项段的无保留意见——会计师对报表中特定内容不想表达意见。

3. 保留意见——指会计师对报表内容存疑或无肯定意见。

4. 无法或拒绝保留意见——指会计师对企业报表披露意见为不合格。

5. 否定意见——不能从整体上公允反映企业的财务状况、经营成果和现金流量，执业会计师就会出具否定意见的审计报告。

会计师审计意见可以提高财务信息的可靠性和可信度。通常，经过审计的财务报表可以减少不准确信息的流传时间，阻止其传播，保证市场诚信度。

知识二：营业活动中的现金流量。

营业活动现金流量十分重要，它是企业投资项目的最主要的现金流。如果一个企业没有营业现金流量做保证，企业的现金流迟早要枯竭。同时，它还最能体现企业持续经营能力和未来发展前景。

在企业营业活动的分析中，扣非净利润也十分重要，它是净利润扣除非经常性损益后的利润。它单纯反映企业经营业绩的指标。而扣非净利润存在的意义，是让投资者关注企业的主营业务，准确识别企业的经营情况、成长性以及潜在危机。

经营活动现金流主要有直接法和间接法两种方法来计算。

1. 直接法。

直接法主要以收入现金比率来衡量。这个比率除了应收账款对公司带来了风险的情况外，从现金流入的角度反映了企业销售收入的情况。如果比率大于 1，说明当期的收入实现，而且还收回了以前年度的应收账款或增加了预收款项，收入质量较好；如果比率小于 1，说明当期收入质量较差。

2. 间接法。

间接法主要衡量净利润现金比率。净利润现金比率反映了公司每产生 1 元净利润有多少经营活动现金净流量。比率越大，说明企业产生现金的能力就越强，企业净利润的"含金量"越高；如果比率小，说明本期净利润中存在尚未兑现的现金流，企业净收入质量就比较差，即便盈利，也可能发生现金短缺的情况，严重时会导致企业破产。

知识三：净资产收益率。

净资产收益率又称股东权益收益率，是净利润与所有者权益（净资产）的比率。

计算公式有两种：

全面摊薄净资产收益率＝净利润／期末净资产

加权平均净资产收益率＝净利润／平均净资产

平均净资产＝（期初净资产＋期末净资产）/2

两种净资产收益率计算方法的区别在于净资产的取值，取期末时的数值，可能会因为会计年度内净资产变动的影响，使得计算结果不能够反映年度资产投入变化的情况，因此通过时间加权计算的平均净资产进行计算会更加准确。

净资产收益率是反映企业净资产创造净利润能力的，净资产收益率越高，说明企业投入净资产创造利润的能力越强，从侧面也反映了企业的盈利能力。

净资产收益率代表着企业的赚钱能力，同时也反映了企业的股东报酬率。净资产收益率代表着投资该企业的股东每投入 1 元钱所能得到多少回报，它也是股神沃伦·巴菲特最看重的指标之一。沃伦·巴菲特的价值投资的过程理念中，也多次强调净资产收益率是衡量一家企业经营好坏的重要指标之一。

知识四：毛利率。

毛利率是指企业生产中，每个产品的利润占每个产品生产售价的比例，是衡量企业盈利能力的重要指标。通常，毛利率越高表明企业的盈利能力就越高，控制成本能力就越强。

毛利率的计算公式为：

毛利率＝毛利／营业收入 ×100%＝（营业收入 – 营业成本）/营业收入 ×100%

例如：我们到杂货市场花 300 元买了一个小物件，之后又转手卖了 1000 元钱，那么这个小物件的毛利率就等于（1000–300）/1000=0.7=70%。毛利率代表着赚钱效应的优劣，毛利率高的行业更容易赚钱。我国的白酒行业就属于毛利率高的行业，像泸州老窖、五粮液等白酒巨头企业，毛利率常年高于 70%，而白酒龙头企业贵州茅台在近期公布的财务报表中，毛利率甚至高达 90% 以上。与之对比，钢铁行业的毛利率则要低许多，钢铁行业中的许多企业的毛利率都不高于 30%。

知识五：现金占总资产的比例。

现金占总资产比例，其含义可按照字面意思去理解，即货币资金 + 交易性金融资产 / 总资产。在经济不景气的时候，企业的资产大量压在手中，就会导致其资产与价值不符。此时，现金就是企业维持运转的重要保障。在一般情况下，这个指标的比率最少应为 10%。在较为烧钱的行业中，比如游戏行业，这个比率应最少为 25%。若游戏行业的现金比例低于这个数值，则会有现金流断裂的风险，若企业现金占总资产比例都高于 25%，则认为该企业是不错的投资标的。

知识六：总资产周转率。

总资产周转率指的是销售收入和总资产余额之间的关系，反映了企业总资产平均综合运转的次数，可以对管理者产生收入的能力进行评价，也可以对资金周转快慢的速度以及经营成果的情况进行衡量。通常，该项指标有两种表达方式：一是总资产周转率，二是总资产周转天数。

总资产周转率 = 营业收入净额 / 平均资产总额 = 销售收入 / 总资产

总资产周转率指的是资产投资规模和销售水平比对的指标，这个指标在数值小于 1 的时候，表示企业的经营活动十分烧钱。比如民航机场行业，因为初期的建设成本和后期的维护费用都十分巨大，营收就没有办法在短期内收回成本，因此是十分烧钱的行业。

在对比了现金占总资产比例的指标后，如果总资产周转率小于1，而现金占比不高，则认为企业持续处于烧钱的状态且现金流不稳定。既烧钱又没钱，这种企业不是好的投资选择。

知识七：负债占资产比率。

字面理解，就是企业所欠债款占企业资产的比例。在企业财务报表中，资产＝负债＋所有者权益。负债占资产比例数值偏低则代表股东出资较多，偏高则代表欠债较多。A股市场中破产退市的企业，负债占资产比例往往会大于总资产的80%。

知识八：偿债能力。

企业在发展中经常会通过借债的方式来加快发展速度或是在财务紧缺时进行周转。企业负债率超过100%，就会资不抵债，极其容易破产。

我们在通过财务报表分析衡量企业偿债能力时，通常会使用流动比率和速动比率这两个指标。通俗的解释是，流动比率表达的是企业能否偿还欠债，而速动比率表达的则是企业还债的速度大概为多少。若这两个指标均小于100%，则认为企业没有偿债能力，比率越高，偿债能力就越高。

$$流动比率 = 流动资产 / 流动负债$$

$$速动比率 = 速动资产 / 流动负债$$

速动资产：流动资产减去存货和预付费用的余额，主要为现金、短期投资、应收票据和应收账款。

财务报表中体现的内容对于我们来说是很重要的参考标准。通过分析企业财务状况，我们就可以粗浅地知晓企业大致的运行情况。然而，财务披露中真真假假，曾有不少人因企业财务造假而蒙受损失，因此在分析财务报表的过程中，一定要仔细和谨慎，不可盲目地依赖报表。

7.3　财务报表分析的常见方法

很多人通常会查看公司的每股收益、每股净资产、净利润增长率以及净资产收益率等指标，但对财务报表研究的不深入。一般来说，如果企业想要粉饰财务报表，这些指标都有可能被操控。因此，掌握分析财务报表的方法就显得尤为重要。

图 7.3.1　财务报表分析的常见方法

1.垂直分析法。

垂直分析法又称纵向分析法，它是一种结构性分析方法，通过计算财务报表中的某些科目占某一总额的比重，判断某科目的贡献程度及其重要性。

具体分为以下三个步骤：

第一步，计算出财报各个项目占总额的百分比。

第二步，通过各个项目的所占比重，分析其重要性。

第三步，把各个项目的所占比重与之前各个项目的所占比重进行对比，分析得出各个项目的变化情况，然后分析变化较大的项目。

经过垂直分析法处理后的会计报表统称为同度量报表、总体结构报表、共同比报表。以利润表为例，沃伦·巴菲特非常关注销售毛利率、销售费用率、销售税前利润率、销售净利率，这实质上就是对利润表进行垂直分析。

2. 水平分析法。

水平分析法主要用于分析财务报表变化最大的项目，将财务报表各项目报告的数据与上期的数据做对比，分析财务报表数据的变动情况。

水平分析不是对比一两个项目，而是把财务报表中所有的项目与上期进行全面的对比分析，揭露各方面存在的问题，为进一步分析企业的财务情况打下基础。

水平分析法是会计分析的基本方法，是本期和上期的分析对比，既要包括增减变化的绝对值，也要包括增减变动比率的相对值，因为这样才可以得出全面的结果。

水平分析一般是总额的比较与分析，是不同年度的比较。通常，对比三年的总额可以看出一个简单的变动情况。

3. 趋势分析法。

趋势分析法可以分析财报的长期变化情况，计算一个或是多个项目，形成指数序列，最后分析财报的变化趋势，并预测之后的发展趋势。

要做纵向的趋势分析，首先要找到拐点，然后用数据进行分析，最后预测结果。

第一步，找到拐点。根据增长情况的变化，可以用变化明显的地方作为拐点，找到异常的数据。

第二步，分析其原因。企业的增长率是什么时候变化的？如果只是在增长率的变化上找原因，往往会"竹篮打水一场空"，而另辟蹊径通过另外一个维度的数据进行分析，往往会有意想不到的惊喜。

4. 比率分析法。

比率分析法是一种最常用也是最重要的财务分析方法，是将两个财务报表数据相除得出的相对比率，分析两个项目之间的关联关系。

财务比率一般分为四类：盈利能力比率、营运能力比率、偿债能力比率、增长能力比率。2006 年国务院国资委颁布的国有企业综合绩效评价指标体系也是把财务绩效定量评价指标分成这四类。财务比率分析的主要作用是可以使不相同的财务数据传递出的信息按照相同的标准进行比较。

财务比率的常用标准有三种：历史标准、经验标准、行业标准。

5. 因素分析法。

因素分析法主要分析最重要的驱动因素，用来计算相互联系的驱动因素对综合财务指标的影响程度。例如，销量和单价这两个因素决定了销售收入，如果企业提价必然会导致销量的下滑。

表 7-4　某企业 2016—2018 年发展能力财务指标统计表

年度 财务指标	2016 年	2017 年	2018 年
销售收入增长率行业均值 (%)	12.54	35.32	
销售收入增长率 (%)	20.27	34.09	4.12
总资产增长率行业均值 (%)	30.01	23.86	
总资产增长率 (%)	37.96	27.61	−2.50
资本保值增值率行业均值 (%)	1.18	1.19	
资本保值增值率 (%)	1.51	1.00	1.00
资本积累率行业均值 (%)	0.18	0.19	
资本积累率 (%)	0.34	0.00	−0.04

2016 年，该企业的销售收入增长率高于行业平均值，这反映了该企业可能处于成熟期，产品面临更新的风险，这也在提醒该企业本身的实力在后退，需要积极做好发展能力的财务风险识别，更需要通过各种营销手段以及促销手段来加大市场份额，增加销售量，提高销售收入增长率。

该企业总资产增长率于 2016 年到 2017 年呈下降趋势，说明了企业本身的计划与策略可能在一定程度上并不符合市场现状和消费者的观念。

2016 年到 2018 年，3 年来该企业的资本保值增值率总体上呈现持平状态。资本保值增值率是一个正向指标，该指标越高，表明企业的资本保全状况越好。

6.结合分析法。

结合分析法是指将多项指标综合在一起，从企业经营系统的整体角度进行综合分析，做出系统的、全面的评价。

企业本身是一个综合性的整体，企业的各项财务活动、各张财务报表、各个财务项目、每个财务分析指标都有内在联系。如果只分析一项指标，就会陷入片面的理解误区。因此，要将多个指标结合在一起，从整体角度进行分析，对企业做出全面的评价。

目前使用比较广泛的有杜邦财务分析体系、沃尔评分法、帕利普财务分析体系。其中杜邦财务分析体系是应用比较广泛的。

杜邦财务分析体系，用公式表示为：

净资产收益率 = 销售净利率 × 资产周转率 × 权益乘数

这三个比率分别代表公司的销售盈利能力、营运能力、偿债能力，还可以根据其驱动因素进一步细分。

表7-5 2015—2019年某企业杜邦模型各指标对比

年度 财务指标	2019 年	2018 年	2017 年	2016 年	2015 年
销售净利率（%）	5.49	5.89	6.06	6.10	6.32
总资产周转率（次）	1.31	1.35	1.43	1.59	1.63
权益乘数	2.66	2.51	2.43	2.24	2.31
净资产收益率	18.57%	20.02%	21.01%	21.76%	23.80%

采用杜邦分析法将净资产收益率进一步分解成销售净利率、权益乘数和总资产周转率来进行分析。由上表可以发现，该企业的净资产收益率在2015年至2019年逐年下降，其中2016年下降幅度较大。虽然从2016年至2019年下降趋势比较平缓但仍旧一直处于下降趋势。净资产收益率的下降说明该企业运用自有资本获得净收益的能力下降。

总体来说，净资产的收益率开始下降，可以反映出市场已经饱和，企业想要发展壮大的可能性十分有限。

7.4 财务报表分析的评价方式

分析企业财务报表时，主要分析企业的整体状况，并判断公司财务是否健康，管理水平以及盈利能力是否平稳等，但是一些短中期投资决策在综合分析中较难发现。然而，这些短中期决策会在相应的时间段内影响股价，甚至能改变一贯的估值判断。这些隐藏价值能否被发现，因分析者水平的不同而不同。因此，我们要掌握一些财务报表分析的评价方式。

首先，如果企业财务报表中资产负债表中的固定资产、存货等易变现资产，在经过一段时期的累积以后数额相比之前超出了几倍甚至几十倍，或者在毫无征兆的情况下出现了几倍甚至几十倍的增长，那么这些资产价值的增值潜力就是需要重点分析的对象。因为这种突然增大情况的背后很可能有一只无形的推手在作祟——价值流动资产被人为计提最大减值后导致亏损极速上涨，进而使股价受到严重影响。

其次，财务报表中的现金流量表可以分析该企业是否有其他没有披露的信息等。现金流分析可以成为财务报表分析中最重要的分析，它相对于资产负债表和利润表，更具有可靠性和真实性，而且反映出来的信息也十分丰富，对价值投资的意义也最大。

综上所述，这些分析和方式要依靠平时积累的分析素养。分析素养对于价值投资非常重要，投资人员要养成良好的分析判断能力。

第8章
了解企业的偿债能力

8.1 什么是流动比率

在分析企业短期偿债能力时，经常使用到的一个财务指标就是流动比率。它代表了公司的流动资产对于流动负债的担保度，也从侧面反映了流动资产与流动负债之间有着紧密的联系。

其计算公式为：

$$流动比率 = 流动资产 / 流动负债$$

对流动比率的计算公式还可以做以下变形：

$$流动比率 = （流动资产 - 流动负债）+ 流动负债 / 流动负债 = 流动资产 / 流动负债 = 1 + 营运资本 / 流动负债 = 营运资本 + 流动负债 / 流动负债$$

计算公式中流动资产包括货币资金、短期投资、应收账款、应收票据、其他应收款、应付税费、应付股利、应付利息、应付职工薪酬等。其中流动资产通常是指流动资产净额，即流动资产减去各种流动负债后的金额。

表 8-1 某企业 2016－2019 年流动比率分析

财务指标＼年度	2016 年	2017 年	2018 年	2019 年
资产负债率	45.65	21.32	27.09	37.03
流动比率	1.96	4.37	3.14	2.33
权益乘数	1.84	1.27	1.37	1.59
速动比率	1.26	3.50	2.18	1.66

通常，流动比率的标准值是 2，而且流动比率越大，表明企业的短期偿债能力越强。通过对表 8-1 的分析可以看到：该企业 2016-2019 年的流动比率分别为 1.96、4.37、3.14、2.33，这说明该企业的短期偿债能力还是比较强的。

虽然该企业 2016 年的流动比率是 1.96，低于流动比率 2 的标准值。但是，该企业是生产销售矿山设备的企业集团，厂地租金等所占数额较大。而且流动比率低也有可能是因为一些公司往来账务数目较大所致。因此，要想弄清楚公司的短期偿债能力，还得需要联系公司的运营周期、流动资产中的应收账款数目等情况进行分析。

而该企业一直谨慎向银行等金融机构贷款，再加上近几年政府的大力扶持，因此还款压力不算太大。该企业 2016 年流动比率为 1.96%，而 2017 年上升为 4.37%，偿债能力有所增强。从 2017 年到 2019 年的流动比率呈现下降趋势，虽然偿债能力有所下降，但还是高于流动比率的标准比例，因此该企业在短期内不会产生偿债风险。

8.2　如何计算速动比率

速动比率意味着每 1 元的流动负债，即有多少速动资产可作为还清债款的担保依据，进一步反映了流动负债的保护程度。

其计算公式为：

速动比率 = 速动资产 / 流动负债 =(流动资产 – 存货)/ 流动负债

速动资产 = 短期投资 + 货币资金 + 应收账款 + 应收票据 + 其他应收款

速动比率是用以衡量企业流动资产中可用以偿付到期债务的能力的一个指标，并且是分析流动比率的一个重要的辅助性特殊指标。

表 8-2　某企业 2015—2019 年速动比率分析

年度 项目	2015 年	2016 年	2017 年	2018 年	2019 年
流动资产（亿元）	99.97	105.10	114.10	134.50	146.80
速动资产（亿元）	1.95	1.84	1.92	2.07	1.97
流动负债（亿元）	29.79	32.13	33.20	39.21	44.63
资产总额（亿元）	120.89	132.54	157.85	187.69	192.34
负债总额（亿元）	38.42	41.02	40.19	43.25	51.36
所有者权益总额（亿元）	82.47	91.52	117.66	144.44	140.98
速动比率	1.95	1.84	1.82	1.77	1.67
资产负债率	0.32	0.31	0.25	0.23	0.27
产权比率	0.47	0.45	0.34	0.30	0.36
流动比率	3.36	3.27	3.44	3.43	3.29

在通常情况下，企业的速动比率越大，说明企业短期的偿债能力越强。这个指标从国内的众多企业来看，基本可以维持在一个适当的水平。我们在实际分析过程中，还需要结合周转速度、应收账款的规模与其他应收款的规模，以及它们的变现能力等，综合地进行分析。

流动比率虽然可以用来评价流动资产的变现能力，但是对于债权人或是短期债权人来说，还是习惯以速动比率来评判企业变现能力。这是因为速动比率比流动比率更能体现一个企业的变现情况，它是对流动比率的重要补充。

速动比率越高，则表明短期偿债能力越强，反之，则越弱。通常，企业速动比率的衡量标准可以设定为 1，低于正常速动比率 1 则被认为是短期偿债能力偏低。相反，当速动比率大于 1 时，则表明企业由于持有过多的速动资产，在偿还债务方面没有压力。

由表 8-2 可见，该企业从 2015-2019 年的速动比率一直大于 1，虽然从 2015 年开始呈阶梯式下降趋势，但短期偿债能力并没有受到太大影响。

8.3 什么是现金比率

现金类资产与流动负债的比率为现金比率。现金比率可以准确地反映企业直接偿付能力的指标。现金比率越高，表示企业闲置的流动资产数额越大，也就意味着企业的现金类资产未能发挥其作用。

一般认为现金比率在 20% 左右是合理的，表示企业直接偿债能力没有太大的问题。现金比率表明，每 1 元的流动负债，可以有多少现金和现金等价物作为偿还账款的保证基础，反映的是公司可以使用的现金及变现方式还清流动负债的能力。

其计算公式为：

$$现金比率 =（现金 + 短期有价证券）/ 流动负债$$

如果站在短期债权人的角度思考，现金比率自然是越高越好；但对于企业来说，还应该将风险与收益两个方面的因素结合在一起综合考虑。企业持有的现金不仅有投机性，还有交易性和预防性，并不完全都是为了还清账款。现金比率在分析短期偿债能力时，通常只是一个辅助性的指标，企业没有必要总是保持足够的现金类资产来偿还短期债务。

表 8-3　某企业 2014—2017 年现金比率分析

项目	年度	2014 年	2015 年	2016 年	2017 年
短期偿债能力	流动比率（%）	112.4	104.8	113.1	83.9
	速动比率（%）	69.0	60.3	64.1	45.3
	现金比率（%）	33.89	31.18	25.13	22.77
长期偿债能力	资产负债率（%）	60.6	63.8	59.2	66.3
	产权比率（%）	153.9	176.1	145.1	196.7

由表 8-3 可以看出，该企业 2014-2017 年的现金比率是逐年下降的。2017 年的现金比率仅为 22.77%，说明该企业每 1 元的流动负债仅有经营活动产生的 0.22 元的现金流量提供保障，较 2016 年下降了 2.36%，企业经营活动产生的现金不足以偿还短期债务。一般来说，现金比率大于 1 时，企业赚回的现金能够偿还一年到期流动负债。该企业 2017 年的流动负债增长率过高，导致现金比率偏低，远远低于 1，说明该企业的短期偿债能力较弱。

8.4 什么是利息保障倍数

利息保障倍数也可以称为已获利息倍数，指的是一个企业经营活动所获得的利润与利息之间的比率。

表 8-4　利息保障倍数

类型	指标		计算公式
偿债能力	短期偿债能力	流动比率	流动资产 / 流动负债
		速动比率	速动资产 / 流动负债
	长期偿债能力	资产负债率	负债总额 / 资产总额
		利息保障倍数	息税前利润 / 利息费用

利息保障倍数代表了公司支付利息费用的能力。

计算公式为：

利息保障倍数 = 息税前利润 / 利息费用 = 销售收入总额 –

变动成本总额 – 固定经营成本 / 利息费用

从长期的角度来看，利息保障倍数应该至少大于 1。利息保障倍数越低，意味着企业支付利息费用的能力越弱。因此，如果一家企业的利息保障倍数低于 1，则意味着这家企业所实现的经营成果不能够支付当期利息用度，也代表着企业的付息能力很弱，财务风险很高。

同时还应该注意，对企业和所有者来说，利息保障倍数并不是越低越不好。当期的现金流入并不都是所有的利润，也并不是所有的利息费用和所得税都需要在当期用现金支付，因此企业支付利息费用的能力并不能用利息保障倍数代表，而需要用现金流量利息保障倍数。

现金流量利息保障倍数的计算公式为：

现金流量利息保障倍数 = 经营活动现金净流量 + 现金所得税支出 + 现金利息

支出 / 现金利息支出 = 息税前经营活动现金流量 / 现金利息支出

需要注意的是，在外部分析中，能找到计算现金流量利息保障倍数所需要的数据的可能性比较小。

表 8-5　某企业 2014—2016 年利息保障倍数分析

年度 项目	2016 年	2015 年	2014 年
资产负债率（%）	66.5	69.2	72.7
利息保障倍数	11.1	9	4.3

由表 8-5 可以看出，虽然该企业的资产负债率一直维持在高位，但是通过资产负债率逐年降低，利息保障倍数有明显的提高，可以说明该企业的长期偿债能力较往年有所提高。

8.5　如何通过财务报表了解企业的长期偿债能力

偿债能力指的是企业在某个时期内偿还债务的能力，它是衡量企业生存和健康发展的基本前提。通过对企业偿债能力的分析可以了解企业的财务状况，了解企业所承担的财务风险程度。

1.偿债能力包含短期偿债能力和长期偿债能力。

短期偿债能力是指企业在较短时期内清偿债务的能力，在短期偿债能力中流动资产和流动负债十分关键。在权责发生制下，短期偿债能力并不完全取决于企业盈利的多寡。在这种条件下，企业有可能有很高的利润，但缺乏可以立即动用的现金，因此，企业并不一定拥有较强的短期偿债能力。短期偿债能力主要反映企业流动资产与流动负债的比率关系，长期偿债能力则是指从长期来看企业资产对长期债务的保障程度。

通常考察企业的长期偿债能力有两种方式。

第一种是按照资产负债表所反映的数据考察企业的长期偿债能力，涉及的指标有资产负债率和产权比率等。

资产负债率表示的是通过债务融资得来的金额在资产总额中占有多少，即企业负债总额与企业总资产的比率，它是最为普遍的表示企业长期偿债能力的财务指标。资产负债率从一定程度上显示出了资产与负债之间密切的联系，即偿还负债的担保度。

其计算公式为：

$$资产负债率 = 负债总额 / 资产总额 \times 100\%$$

对于债权人来说，资产负债率反映了债权人向企业提供的风险程度。比率越低，资本回收的风险就越低。对于企业来说，当企业的投资回报率高于债务利率时，他们承担的债务越多越好。但是，从长期偿债能力的角度来看，这一比率越低，企业债务偿还能力的稳定性、安全性越强，财务弹性也越大。

总体来说，资产负债率高，企业的负债就不太安全，财务风险也就大。但是如果从企业和股东的角度来看的话，资产负债率并不一定是越高越不好，因为如果资产负债率低，往往意味着企业的财务杠杆没有得到充分的利用，即负债经营管理的优点没有得到充分的放大利用。

表 8-6　某企业 2015—2018 年长期债偿能力分析

项目＼年度	2015 年	2016 年	2017 年	2018 年
资产负债率	23.25%	32.79%	28.67%	26.55%
产权比率	30.30%	48.80%	40.19%	36.15%

由表 8-6 可知，该企业的资产负债率和产权比率都比较低，说明该企业的长期偿债能力比较好，同时也可得出该企业主要以权益融资为主，债务融资比例较小，财务杠杆较小，资本成本较高，没有充分发挥债务融资的优势。

产权比率是指用于测定企业长期偿债能力的指标，是债务与权益比。债务与权益比表示企业的负债与所有者之间的关系，是确定债权人在企业破产时被保护程度的指标。对于债权人而言，产权比率越低企业的偿债能力越好。

其计算公式为：

产权比率 = 负债总额 / 所有者权益总额 × 100%

产权比率、资产负债率和股权比率，有着下面的关系，用公式表示为：

产权比率 = （负债总额 / 资产总额）/（所有者权益总额 / 资产总额）=

负债总额 / 所有者权益总额 = 资产负债率 / 股权比率

产权比率 = 资产总额 – 所有者权益总额 / 所有者权益总额 =

负债总额 / 所有者权益总额 =1/ 股权比率 –1

产权比率直接体现出了负债与所有者权益之间的联系。产权比率直观地表示了股东权益对负债的保护程度，该指标越低，表示企业的长期偿债能力越强，股东权益对负债的保护程度越高，承担的财务风险相对越低。

下面以某公司为例，对产权比率进行分析。

表 8-7　某企业 2016－2019 年偿债能力相关指标

年度 项目	2016 年	2017 年	2018 年	2019 年
流动比率	108.3	95.8	98.1	79.9
速动比率	69.0	60.3	64.1	45.3
现金比率	33.89	33.18	38.0	22.77
产权比率	153.9	176.1	145.1	196.7

如表 8-7 所示，该公司的产权比率相对来说还是比较高的，说明该公司的长期偿债能力较强，股东权益对负债的保护程度较高。

第二种是按照利润表所反映的数据考察企业的长期偿债能力，涉及的指标主要有利息保障倍数等。

利息保障倍数在上节内容中已经说明，这里不再详述。

2. 影响长期偿债能力的特别项目，如图 8.5.1 所示。

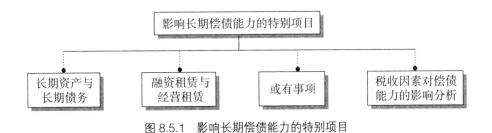

图 8.5.1　影响长期偿债能力的特别项目

（1）长期资产与长期债务。

固定资产、长期投资和无形资产要计入资产负债表长期资产和负债中。

当长期资产的计价和摊销方法对长期偿债能力产生较大的影响时，长期资产是应该给予长期债务保障的。

长期借款、应付债券和长期应付款等计入资产负债表的长期负债。会计政策以及可转换债券，会对长期负债会计处理存在的一些特殊问题及长期负债金额有一定的影响。

（2）融资租赁与经营租赁。

租赁，可以分为两种：融资租赁和经营租赁。

融资租赁，指当企业需要购买某些设备，可是又缺乏资金时，所使用的一种租赁形式。这种租赁形式由出租人出资购买所需要的设备。

经营租赁是一种短期租赁，因此在处理经营租赁时，资产负债表并不将其相关资产与负债纳入反映，而只将支付的租赁费用反映在利润表中。

（3）或有事项。

或有事项，指的是过去的交易或事项，其结果必须由某些未来事项的发生或者没有发生才能决定的不确定事项。

或有事项具有以下特征：

①是由以前的事项形成的，也就是说它的存在是过去的事项引起的客观存在。

②结果是不确定的，也就是说或有事项的发生是不确定的，可能会发生，但是具体发生的时间或是金额都是不确定的。

③是由未来的事项决定的，也就是说或有事项的结果是根据未来的不确定事项的发生与否来决定的。

未决诉讼或未决仲裁、产品质量保证、债务担保、承诺、环境污染整治、重组义务以及亏损合同等都是常见的或有事项，都会影响企业的长期偿债能力。

（4）税收因素对偿债能力的影响分析。

从现行的税制来看，增值税、所得税及流转额和行为等都要解析缴税。从商业的角度看，纳税与还清其他一般债务不一样。企业对各项税款的支付必须全部通过现金的形式，一旦企业现金流量过低或无法予以流动时，税务机关便会有直接性的经济惩罚。

企业的经营情况以及财务情况都可以反映企业的债偿能力。通过对债偿能力的分析，企业的财务情况可以得到体现，这使得企业的财务情况更加清晰，便于预估企业未来几年的发展趋势。

第9章
判断企业的盈利能力

9.1 如何计算营业毛利率

盈利能力分析主要是反映企业经营活动中创造利润的能力。获利水平是衡量企业经营业绩的重要指标，也是投资人正确决定其投资去向的依据。以某企业 2015 年—2018 年的销售毛利率、营业利润率和总资产利润率为例进行分析。

盈利能力体现的是企业在一定时间里能否赚取利润，实现资产数量的增加。企业在正常条件下获得利润的高低，可以侧面反映管理者的管理水平。此处重点分析经营获利能力，主要包括营业毛利率、营业利润率和营业净利率。

这一节内容主要讲述营业毛利率。

营业毛利率的计算公式为：

$$营业毛利率 = 营业毛利额 / 营业收入 \times 100\% =$$

$$（营业收入 - 营业成本）/ 营业收入 \times 100\%$$

从公式可以看出，营业毛利率一般只注重营业收入和营业成本，管理和销售的费用一般是不考虑的。因此，营业毛利率都是单独来使用的，参考意义不高，一般用来比较和分析。

然而，从另一方面讲，营业收入和营业成本都是企业在生产经营过程中最主要的盈利性指标。通过对企业之间的营业毛利率的比较，可以知道财务指标的情况，而且营业毛利率计算较为简单，这就使它成为财务分析中比较常见的指标。

总而言之，营业毛利率有以下两个作用：

1.企业通过对行业内其他的企业进行对比，可以了解自身企业目前所处的市场地位和商品议价能力等。越高的毛利率就越说明企业具有较强的市场控制能力，就可以通过更高的售价获取较多的营业收入，进而企业可以在供应链中处于领导地位，能够更好地控制成本。

2.通过分析企业历史营业毛利率，可以了解企业发展阶段、营销战略等情况。通常的规律是：在企业的发展初期，营业毛利率一般是较低的；而随着企业的成长，毛利率也会增加；企业慢慢发展成熟，毛利率也就越来越稳定；企业降低售价扩充销售额来占据市场，应对价格战，此时的毛利率就会降低。

通过营业毛利率的分析能够帮助我们更好地了解企业创造营业收入和营业成本控制的情况。下面对 A 企业和 B 企业进行对比，可分别分析营业毛利率情况。

表 9-1　A 企业 2014—2017 年主要财务比率

年度 项目	2014 年	2015 年	2016 年	2017 年
资产负债率（%）	60.6	63.8	59.2	66.3
EPS= 基本每股收益（元）	−1.15	−1.19	0.15	−1.35
ROE= 净资产收益率 (%)	−15.6	−19.1	2.7	−26.4

续表

项目　　　年度	2014 年	2015 年	2016 年	2017 年
应收款项周转率（次／年）	1486.5	2884.2	2354.0	1104.6
净利增长率 (%)	−6441.5	3.1	−112.7	−990.2
毛利率 (%)	21.5	22.4	23.1	21.1
净利率（%）	−3.8	−4.2	0.6	−6.1

从 A 企业 2014 年到 2017 年的财务比率情况来看，基本每股收益、净资产收益率除了 2016 年外其他年份都为负值。企业不发放现金红利、不送红股，不以资本公积金转增股本，毛利率较平稳，净利率呈下降趋势。

表 9-2　B 企业 2016—2019 年盈利能力分析

项目　　　年度	2016 年	2017 年	2018 年	2019 年
营业毛利率	0.47	0.48	0.53	0.56
营业利润率	0.53	0.56	0.58	0.64
销售利润率	0.50	0.46	0.50	0.51
总资产利润率	0.22	0.18	0.23	0.26
净资产收益率	0.25	0.24	0.3	0.32

2016 年到 2019 年，B 企业的营业毛利从 12 亿增长至 20 亿，与此同时营业毛利率也从 0.47 上升到了 0.56，说明 B 企业在市场中的竞争力不断变强，也说明 B 企业的盈利能力在不断变强。

需要注意的是，追求高毛利率不是合理的选择，净利润才能展示一个企业最终的经营成果。

毕竟一些行业比如服务业和互联网行业，很多成本都没有在营业成本中进行核算，所以营业毛利率的参考价值就更低了。

9.2 如何计算营业利润率

营业利润率表示营业收入减去营业成本、三项费用以及税费以后占营业收入的比率，它是分析企业盈利能力和企业成长性最重要的指标。

营业利润率的计算公式为：

营业利润率 = 营业利润 / 全部营业收入 × 100%

总体来说，我们可以从两方面了解营业利润率。

1. 营业利润率是做什么的。

营业利润率不考虑营业外收入和开支以及所得税费用，主要反映企业生产经营活动中创造利润的能力。企业的净利润一般是来自营业利润，营业利润率增加，净利润就会增加。

与营业毛利率不同，营业利润率在包含营业收入和营业成本的同时，还增加了对企业营业费用的考察。营业费用是企业经营活动中的重要支出，比如管理人员工资和营销推广等费用，甚至对于一些行业的企业来说，比如互联网行业和服务行业的企业，营业费用会大于营业成本。

由于营业利润率的计算中包括企业营业中所涉及的成本和费用，因此企业的营业利润率相比于营业毛利率，更能反映企业的盈利能力。

2. 使用营业利润率时需要注意什么。

营业利润率的计算包括了企业经营收入和成本费用等，它们是综合性较强的财务指标。由于其包括的因素较多，因此影响营业利润率的因素也会有很多。我们分析时需要对每个影响因素进行分析，这样才能知道是什么影响了企业营业利润率的变化，再结合营业毛利率分析，便能帮助企业经营者了解企业经营费用对营业利润率的影响情况，简化分析过程。

还需要注意的是，因为营业利润率中的计算包括了投资收益等损益情况，而这些非经常性的损益可能会影响企业经营者对于企业盈利能力的判断情况。

比如，投资收益是非经常性的，收回的时间和金额都不是很稳定，如若在分析的过程中有了收益或者损失，如果金额比较大就会对营业净利率产生影响，从而使企业的经营者对企业的盈利能力产生错误的判断。

结合以上情况，在分析的时候，应该结合多年的数据进行分析，排除由于非经常性损益带来的干扰。下面以 C 企业和 D 企业为例，分别分析营业利润率情况。

表 9-3　C 企业 2016—2018 年营业利润率指标分析表

项目 年度	2016 年	2017 年	2018 年
营业利润（元）	2141088.99	1906737.23	1933309.45
营业收入（元）	103115045.81	104013591.91	114432676.89
营业利润率 (%)	2.07	1.83	1.69

由表 9-3 可知，C 企业的营业利润率逐年下降，2016—2017 年营业利润率下降了 0.24%，2017—2018 年下降了 0.14%，下降速度有所缓和。经调查得知，C 企业原材料主要有白卡纸、白板纸、瓦楞纸、改性聚丙烯外盖料、

垫片等，由于环保压力加大的原因，企业原材料的供给收缩明显。原材料价格上涨，致使 C 企业营业成本也随之大幅度增加，2017 年与 2018 年营业利润明显低于 2016 年，2017 年与 2018 年营业利润率基本持平，虽也有所下降，但较 2016 年已经有很大的减缓。

表 9-4　D 企业 2016—2019 年盈利能力分析

年度 项目	2016 年	2017 年	2018 年	2019 年
营业毛利率	0.47	0.48	0.53	0.56
营业利润率	0.53	0.56	0.58	0.64
销售利润率	0.50	0.46	0.50	0.51
总资产利润率	0.22	0.18	0.23	0.26
净资产收益率	0.25	0.24	0.3	0.32

从 D 企业的数据来看，虽然 2019 年的营业毛利率比 2018 年高很多，但实际的营业利润率却不增反减。进一步细查利润表，可以发现企业的投资损失在其总营业成本中占了很大一部分，说明 D 企业在营业收入和控制营业成本中做得不错，但是对于其在外的投资仍需进行把控。2019 年，D 企业的营业利润率高达 0.64，营业利润高达 10 亿元，相比 2018 年在保持营业成本相差不大的情况下，2019 年 D 企业获得了 2 亿的投资收益，说明 D 企业在经过 2018 年投资损失过多后加强了投资管理，并取得了良好的成效。

营业利润率表明了企业发展潜力、市场竞争力与盈利能力的强弱，因此单纯从数据来看该企业的发展潜力降低、市场竞争力降低、盈利能力降低，但从报表走势来看，企业的发展前景还是可以期待的。

9.3 什么是企业净利率

营业净利率是指净利润与营业收入的比率。

企业净利率的计算公式为：

$$营业净利率 = 净利润 / 营业收入 \times 100\%$$

营业净利率主要是反映企业营业收入创造利润的能力。总体来说，企业的生产经营活动，包括主营业务收入和其他业务收入，都是净利润的来源。通过营业净利率来考察企业营业收入创造利润的能力，可以反映企业的盈利能力。净利率的持续增长对于企业来说很好，如果净利润的增长比收入增长快，则净利率就会升高，说明企业的盈利能力在增强；反之，则说明企业的盈利能力在下降。

那么在考察企业的营业净利率时要注意什么呢？

利润不只受到营业项目的影响，还可能受到非营业性项目的影响。例如，投资损益以及营业外经营损益等，如果非营业性项目数额较小，可以选择忽略；如果数额较大的话，就需要进行具体的分析。

数额较大，有可能是企业对财务报表进行粉饰而产生的一次性的偶然收入情况。例如，利用资产重组、股权投资转让、非货币资产置换、资产评估、非生产性资产以及企业建筑物销售所得收入等都可以调节净利润。

但是不管如何，都应该对影响净利润的非经常性项目进行分析。

净利润的计算公式为：

$$企业的净利润 = 利润总额 - 所得税费用$$

毛利润是企业去除直接成本的利润，毛利率的计算公式为：

$$毛利率＝（营业收入—营业成本）/ 营业收入 \times 100\%$$

而净利润是在此基础上又进一步计算了企业的三项费用、营业税金、资产减值损失、其他收益或者营业外收益和所得税等。所以，净利润的计算公式可以变形为：

$$净利润＝营业收入－营业成本－营业税金及附加－销售费用－管理费用－$$
$$财务费用－资产减值损失＋公允价值变动净收益＋投资净收益＋$$
$$资产处置收益＋其他收益－所得税$$

正常来说，如果企业没有大数额的资产减值或大数额的损益，则只需要关注企业的"销售费用、管理费用、财务费用"这三项费用的差距就可以。如果企业有大数额的其他项目损益的话，那么就需要重点关注并分析造成这种情况的具体原因了。因此，分析净利润的时候要分析"扣非后的净利润"才更加真实可靠。

例如，企业在当期买了一部分的资产或者收到外界的补助，这种情况是和主营业务没有关系的，只是当期的利润增加，不是长期的可持续性的利润。这种情况就好比一个人拿到手的工资是 10 万元（净利润），但是汽车卖了 15 万元，买彩票又中了 15 万元，财务报表上会写当期的净利润是 40 万元。实际上，卖汽车以及中奖的这部分利润是短期的利润，不可能每年都发生，因此这部分利润被称为非经常性损益。这个时候就应该看扣除这一部分后的净利润，也就是扣非后净利润为 10 万元。

如果企业没有非经常性的损益或是大数额的资产增减情况，那么净利率的变化主要与企业的三项费用有关系。如果净利率上升，毛利率不变，那么企业的三项费用是下降的，盈利能力是提高的；如果净利率开始下降，那么说明企业的三项费用是上升的，盈利能力是下降的。

净利率持续性的增长对于企业而言，说明企业发展越来越稳定，是考核企业经营者能力的静态指标。只有经营者管理得好才能够减少企业的三项费用，从而为企业节省下更多的利润。

所以，对于同样的两家企业，如果毛利率相同，那么净利率高的企业就更加优秀，经营者的能力也就越强。净利率在逐年增加的企业，说明企业节省利润的能力和管理能力也在增强。

下面以中石油为例，分析其营业利润率情况：

表 9-5　2015—2018 年中石油同比情况

年度 项目	2015 年	2016 年	2017 年	2018 年
营业收入（%）	−24.42%	−6.29%	24.68%	16.75%
营业成本（%）	−25.06%	−4.98%	28.21%	15.16%
营业利润（%）	−63.33%	−16.82%	23.07%	133.36%
利润总额	−62.9%	−22.31%	17.46%	117.02%
净利率	−64.41%	−30.57%	25.07%	96.83%

从表 9-5 的数据可以看出，自 2015 年至 2018 年期间，通过利润表反映了 2015 年该企业出现了一个低迷期，2016 年开始回升，之后有较大的好转，2018 年同比利润上升幅度很大。说明 2015 年全球经济发展缓慢，中国经济的压力不断加大，油气市场供需总体来说比较宽松，国际油价在持续走低。2016 年，中国经济形势趋于稳定，国际原油市场供需已经宽松，国际油价在小幅回升，但总体还在低位漂浮。2017 年，全球经济逐步向好，发达国家经济稳定复苏，新兴市场增加，中国经济比预期要好，经济增长的质量和效益逐步提升，全球油气市场供需逐步趋向平衡，市场活力不断增强。2018 年，

全球经济温和复苏，各经济体发展不均衡，国际经济不稳定不确定性增加，不过中石油在利润方面发展迅速。

最后，补充一下三项费用的具体解释。其实，三项费用就是销售费用、企业管理费用、财务费用。

销售费用主要指企业在销售产品以及提供劳务过程中产生的费用，包括企业在销售商品过程中发生的保险费、包装费、展览费和广告费、商品维修费、运输费、装卸费等，以及为销售商品而专设的销售机构的职工薪酬、业务费、折旧费等经营费用等。

企业管理费用主要指的是企业行政部门在管理组织经营活动中产生的费用，包括职工教育经费、工会经费、待业保险费、劳动保险费、技术转让费、董事会费、咨询费、审计费、诉讼费、排污费、绿化费、税金、土地使用费、土地损失补偿费、技术转让费、技术开发费、无形资产摊销、开办费摊销、业务招待费，坏账损失，存货盘亏、毁损和报废损失，以及其他费用。管理费用中是很容易存在猫腻的，其中最有可能被操控的是"计提"，如果这个数字没有很大的变化，不用太过担心。

财务费用指的是企业的利息支出，包括企业的长短期借款利息、应付票据利息、票据贴现利息、应付债券利息、长期应付引进国外设备款利息等利息的净支出。

9.4　什么是资产报酬率

资产报酬率指的是一个企业没有扣除利息支出和所得税的利润与企业的资产平均总额的比率。总资产报酬率也叫资产所得率，指的是企业在特定时期内所获得的报酬总额和资产平均总额的比值，它反映了企业对资产利用的综合效果。总资产报酬率数值越高，表明企业资产的利用效率越高，整个企业的盈利能力越强；反之，该数值越低，则表明整个企业的盈利能力越弱。

资产报酬率的计算公式为（下面所列出的项目名称均为财务报表名称，可直接由财务报表取数）：

资产报酬率 =（利润总额 + 利息支出）/ 平均资产总额 × 100% 或

资产报酬率 =（净利润 + 所得税费用 + 利息支出）/ 平均资产总额 × 100%

平均资产总额 =（资产总额年初数 + 资产总额年末数）/2

资产报酬率主要可以反映企业利用资产获得收益的能力，其中的资产是企业的所有资产，包含了企业的自筹资产和通过其他途径获得的资产。为了更加直观地去衡量总收益，由去除了利息支出和企业所得税影响的利润来进行计算，便可以从企业的角度来评估企业的运营资产的获利能力。

企业的资产报酬率越低，就说明企业运用资产获取收益的能力越弱。当总资产报酬率比通过市场贷款资金的利率还高的时候，则表示通过借贷做生意的回报大于借贷的成本，此时是不是就应该多借些钱来做生意？当然这只是理论上的分析，现实中可能会有很多种因素影响，但这也可以作为评估的参考依据。

如果只看一家企业一定时期的资产报酬率，是看不出很多信息的，应该通过不同企业的不同年度的总资产报酬率的变化情况分析企业的资产利用情况，然后再对同行业企业的数据分析，就可以对特定企业的总资产利用情况做出相应的判断。

综上所述，资产报酬率就是用来评估企业所有资产获得利益的指标，当然需要结合企业多年的数据。下面以 E 企业为例，对其资产报酬率情况进行分析。

表 9-6　E 企业 2016-2019 年总产报酬率分析

年度 项目	2016 年	2017 年	2018 年
期初资产总额（元）	115741325.28	119145357.49	124778275.69
期末资产总额（元）	119145357.49	124778275.69	121660121.50
平均资产总额（元）	117443341.385	121961816.59	123219198.595
利润总额	2329139.26	2353078.26	1950194.04
总资产报酬率	1.98%	1.93%	1.58%

由表 9-6 可以直观地看到 E 企业的总资产报酬率在 2016 年（1.98%）与 2017 年（1.93%）趋于平稳，但是在 2018 年下降到 1.58%。由此可见，E 企业的总资产报酬率是下降的，2018 年的利润总额较 2017 年的利润总额减少了 50 万左右。经调查，这是由于 E 企业在 2018 年的原材料价格上涨，成本上浮，导致利润总额降低进而影响企业的总资产报酬率。总资产报酬率的降低，说明 E 企业的资产利用效率变差，就整个企业来讲，盈利能力是降低的。

整体而言，E 企业的总资产报酬率呈下降趋势，主要是因为利润总额的下降幅度略大，因此要提高企业的盈利能力，需要先提高企业的利润总额。

9.5　什么是所有者权益报酬率

所有者权益报酬率是衡量一个企业盈利能力的重要指标，是指利润额与平均股东权益的比值。如果企业的所有者权益报酬率的指标较高，就说明投资带来的收益较高；如果企业的所有者权益报酬率的指标较低，则说明企业所有者权益的获利能力较弱。也就是说，该指标体现了企业自有资本获得净收益的能力。

所有者权益报酬率是上市公司上市前必须要去了解的指标。

其原始计算公式为：

所有者权益报酬率 = 净利润 / 平均股东权益 × 100%

还有一种计算公式为：

所有者权益报酬率 = （税后盈利 – 优先股利）/ 股东权益 × 100%

所有者权益报酬率可以反映股权报酬率的情况，是股票投资者都会关注的目标之一。这个比率还可以用来检测一个企业产品利润的大小以及销售收入的高低情况，如果比率越高，则说明企业的产品利润越大；反之，则就说明产品利润越小。

所以所有者权益报酬率还有一种计算公式为：

所有者权益报酬率 = 资产报酬率 / 平均权益乘数 × 100%

下面以 F 企业为例，对其所有者权益报酬率进行分析。

表9-7　F企业2011—2014年报表分析

项目	债务重组前		债务重组后	
	2011年	2012年	2013年	2014年
所有者权益报酬比率	22.44%	26.69%	28.42%	34.95%
产权比率	345.56%	274.70%	251.84%	186.14%
资产负债率	77.56%	73.31%	71.58%	65.05%

从上表数据中可以看出，F企业进行债务重组之后，也就是从2013年开始，企业的资产负债率比债务重组之前下降了许多，而且持续保持着下降趋势。相对而言，企业的运营资金有所增加，这种做法有利于对企业财务结构进行改革，从而促进财务结构发展的更加合理；还有利于建立现代企业制度，健全企业的内部机制，甚至有利于企业的激励机制。但有一点需要注意，虽然通过债务重组降低了资产负债率，但是总体的资产负债率较高，仍然保持在60%以上，有可能会引起下一轮债务危机。

如果企业想要提高所有者权益报酬率，有两种途径：一种是通过增加开支，提高企业的资产利用率，以此来提高资产报酬率；另一种是在资产报酬率比负债利息率高的情况下，可以通过增加权益乘数，也就是提高资产负债率，来提高所有者权益报酬率。

第10章

分析企业的营运能力

10.1 存货周转与营运能力的关系

营运能力指主要用来衡量企业资产管理和经营的效率。其本质是尽可能少地占用资产，尽可能多地周转存货，尽可能多地生产产品，尽可能多地创造收入。

营运能力反映了企业的资产利用效果。然而，对于效果的度量可以是输出可变现性的变化，或者投入与产出之间的关系。因此，营运能力主要考察企业的资金周转能力和获取现金的能力。

存货周转天数指的是在一个特定的时期内，企业的存货从一开始的入账到销账，周转一次的平均天数，也叫平均占用时间。

存货周转天数时间越短越好。一个企业的存货周转次数越多，证明周转天数越短，反之，周转次数越少，则说明周转天数越长。用通俗的说法就是存货周转天数是企业的存货可以在一段时间里周转几次，如果周转次数越多，说明企业的效率越高。但也不是越快越好，企业还是应该坚持效率和质量并存的原则。而这里说的质量，就是商品毛利的质量。

存货周转分析指标主要反映一个企业营运能力的指标情况，可以用来评估企业的存货管理水平，还可以用来衡量企业存货的变现能力。如果企业存货销售对路，则企业的变现能力就强，周转次数就越多，周转天数就越少。相反，如果企业存在存货积压的情况，那么变现的能力就较差，周转的次数减少，天数增多。存货周转分析指标也可以用在会计月度和季度的存货周转分析中。

存货周转次数的专业算法为：

存货周转次数 = 当期营业收入 / 存货当期平均数

公式中的分子，可以用"当期营业收入"或者"当期营业成本"表示。这取决于分析的目的，如果是为了分析企业存货的变现能力，就用"当期营业收入"；如果是为了分析企业存货（成本）的管理业绩，用"当期营业成本"。

公式中的分母一般是，存货当期平均数 =（期初存货 + 期末存货）/2，但是例如服装等季节变化比较明显的行业，当年平均数 = Σ各月末存货 /12。

一定时期内，企业营业成本与存货平均余额之比表示存货周转率，反映企业存货规模和流动资产周转速度的合理程度。在一定范围内，存货周转率越高，表明企业营业成本越高，销售的产品数量增加。但特定情况下，企业存货周转率奇高，也并不能表明企业营运能力出色。因为当企业一味地以扩大销路为目标，采取降价策略或选择赊销销售时，会导致企业利润减少或应收账款的激增。对于零售业来说，企业资产的很大一部分是存货，并且存货的周转速度可以直接表示企业经营的成败与否。

一个企业的经营活动是由四部分构成。首先是购进原材料，其次是加工生产，再次是运到客户公司，最后获得利润。在这个经营过程中，营运风险只是存在的风险之一。

虽然存货相对于货币资金、应收账款等流动性较差，也不能直接为企业创造价值和利润，但其是保障企业经营活动稳定进行的重要因素，因此企业依然要对其引起重视。在对其进行管理的过程中，企业要注意将其数值控制在一个合理的范围内，存货过多会增加成本，而存货过少会增加短缺成本，使企业的供求适应能力遭到削弱。

下面以 G 企业为例，对其存货周转率进行分析。

表 10-1　2015—2018 年 G 企业财务报表分析

项目 \ 年度	2015 年	2016 年	2017 年	2018 年
存货	6805138.63	8787028.37	20215774.07	24745783.35
存货周转率	2.17	3.33	2.27	2.44

从表 10-1 中可以看出，G 企业的存货每年都在增加。2016—2017 年因为存货大幅度增加，导致存货周转率下滑，与往年相比出现了积压现象。从整体存货周转率来看，G 企业这四年的存货周转趋于稳定是因为与一些大客户建立了良好的合作关系，但还是应该警惕存货总额的上升趋势，遏制存货周转率的逐年下降。

10.2　应收账款与营运能力的关系

应收账款是指企业因对外销售产品、材料及提供劳务等原因，应向购买单位或接受劳务单位收取而未收取的款项，包括应由购买单位或接受劳务单位负担的税金，代替买方垫付的各种运杂费等。

同时，应收账款也是有规定范围的，职工欠企业的钱、欠款企业的利息都不能算作应收账款。

应收账款产生的原因主要有两个方面：第一，企业迫于竞争的需要为了减少库存商品，节约库存商品的管理（当企业库存商品较多时，一般会采取较优惠的信用政策进行赊销，节约各项支出，向客户提供现金折扣、赊销等信用业务的销售，导致应收账款增加）；第二，由于结算方法的不同，导致销售和结算时间不同所引起的时间差产生应收账款。

应收账款具有两面性，即有利有弊：一方面企业可以通过与合作伙伴达成一定的还款时间并在短暂的还款期内让合作伙伴清偿货款，促进企业获得更好的市场效应；另一方面如果企业盲目地依靠增加应收账款的方式来提高销售业绩，也会相应地增加应收账款管理的风险，甚至会让企业的经营周转出现问题。

因此，要辩证地看待应收账款对公司营运能力的影响。

应收账款对企业营运能力产生的积极作用包括以下两种。

首先，从扩大销售的角度来讲，公司为了获取商机与合作伙伴采用信用的手段来往，那么就会出现应收账款。随着互联网的普及，企业销售后已经很少出现现金交易的方式了。多数销售方都愿意使用信用收款，相比于现金收款，信用收款更能增加购货方的购买意愿。

其次，从降低库存的角度来讲，应收账款对节省公司存货有着正面作用。公司一直保持存货，便会为货物花费大量的金钱，而且还要面临商品随着市场因素的变动而带来的耗损，这种耗损对公司有着很大的不良影响。当企业存货较多时，相比于直接销售，采取信用销售也是不错的选择，因为赊销既能减少企业的储存成本，又能拓展市场。

不过，应收账款对企业营运能力也会产生消极的作用。

1.增加了应收账款成本。

应收账款长期挂账只会让公司耗费更多资金来维持，企业既不能使用应收账款来进行其他的投资活动，又不能收回欠款以防需要，甚至当其他公司所欠货款不能收回时还要耗费很多资金来走法律途径。另外，支付相关的管理费用，还会使公司的运转雪上加霜。

2.增加了贸易风险。

企业在没有收回应收账款之前，必须有流动资金支付日常的经营活动，保证企业日常开支。反之，则会非常不利于本企业的生产运转。但是风险总是不可避免的，只是如果不能按期收回货款，则会让公司面临的风险加大。

3.可能会虚增会计利润。

企业采用信用销售通常会形成账上有钱，但实际没钱的结果。企业通过信用销售建立良好的业绩，利润会相应增加，但当期销售收入无法实现当时回收，这就夸大了经营业绩。虽然从外界看来公司的生产运转良好，但是从内部来看，公司很难从期末的数据中分析公司的未来走势，不利于公司的规划与壮大。

因此，应收账款管理对企业来说是十分重要和必要的，它是企业信用管理的重要组成部分，也是企业厚积薄发的基础。

表 10-2　H 企业 2015—2019 年财务报表

项目 ＼ 年度	2015 年	2016 年	2017 年	2018 年	2019 年
应收账款（亿元）	4.71	6.25	8.65	9.26	11.73
应收账款增长率（％）	45.37	32.70	38.40	27.05	26.67
营业收入（亿元）	87.15	96.86	109.00	120.90	136.21

续表

年度 项目	2015 年	2016 年	2017 年	2018 年	2019 年
营业收入增长率（％）	13.75	11.14	12.53	10.92	12.66
应收账款周转率	22.28	17.92	14.72	13.69	12.92
行业平均值（％）	13.40	13.69	11.82	11.26	10.97

从表 10-2 中可以看出，H 企业的应收账款总额在这五年中呈持续增长趋势。除 2016 年因供给侧改革继续深化，企业面对经济增长新常态这一年之外，企业的应收账款增长率对比上一年都是增加的。而应收账款的增加可以促进销售，提高企业竞争力，营业收入的增长率也会随着应收账款增长率的增加而增加。

但是，也可以看到其弊端。从上表中可以很明显地看出，当 H 企业的应收账款大幅度增加时，仅能引起营业收入小幅度的增加。

究其原因，当 H 企业想促进销售以赢得市场占有率时，除了以新型产品吸引消费者外，就是以赊销、降价等方式进行促销活动，这样就自然而然地造成了应收账款的增加、应收账款周转率的下降、坏账损失的增加和要账成本的增加。

并且，应收账款周转率因应收账款的不断增加在近五年呈下降趋势，在 2017 年已经从 2013 年的远高于行业平均值下降到接近行业平均值。这说明 H 企业的管理者不应再继续大幅度地增加信用销售制度的宽松程度了，赊销经营模式应调整赊销额度，以减弱应收账款增加率，从而使得企业的应收账款周转率维持在略高于行业平均值的水平上。

应收账款周转率是营业收入与应收账款平均余额的比值，表示的是企业应收账款的周转速度，与营运能力成正比。如果周转率较高，就意味着周转的天数较短，应收账款的流动性就更强，短期的债偿能力也随之增强。

应收账款周转率反映的是企业收账的能力。一般来说，周转率越高，收账速度越快，债权变现的能力就越强，而这也说明企业的营运能力不断增强。

综上所述，在不影响销售量的前提下把应收账款稳定在一定范围内，还有一条路径是可以实现的，即生产和销售可以满足消费者需求的全新产品，这可以快速打开市场，并且还可以适当增加利润，完全不用赊销的策略也能够使销售量增加，提升其营运能力。

10.3　总资产周转对营运能力的影响

总资产营运能力分析一般使用总资产周转率这一指标来展现。总资产周转率是报酬总额与平均资产总额的比值，它反映的是企业对全部资产的利用效率，与营运能力成正比。

总资产周转率，一可以体现企业的盈利能力，二可以反映企业的营运能力。

总资产周转率的快慢被两大因素决定，即流动资产周转速度和流动资产占总资产的比例。加速流动资产的周转速度和增加流动资产占总资产的比重，可促使总资产周转率的加快。一般认为，总资产周转率与企业销售能力成正比，即总资产周转率越大，销售能力越强；总资产周转率越低，企业利用资产进行经营的效率越低。

可见，总资产周转率反映了企业所有资产能够实现产品销售收入的能力，彰显了企业总资产利用、回收、转移价值的效果。当企业支出保持稳定时，总资产利用率越高，企业在资产结构控制、使用效率、质量管理等方面表现越好。资产负债表中项目的增减会引发总资产周转率的变动。

下面以 I 企业为例，对其总资产周转率进行分析。

表10-3 I企业上市前后营运能力指标分析表

项目 时间	营运资本 周转率	应收账款 周转率	总资产 周转率	固定资产 周转率
2018/12/31	16.38	13.82	1.4	7.03
2018/9/30	10.24	11.0	1.03	5.15
2018/6/30	6.06	7.4	0.71	3.53
2018/3/31	2.2	3.67	0.34	1.74
2017/12/31	11.03	13.72	1.4	6.03
2017 /9/30	6.81	10.85	1.01	4.3
2017/6/30	11.64	7.21	0.73	2.75
2017/3/31	5.32	3.58	0.35	1.32
2016/12/31	34.12	24.1	2.55	9.66
2016/9/30	1.05	2.1	0.51	2.1
2016/6/30	0.75	1.46	0.36	1.47
2016/3/31	0.33	0.68	0.16	0.65
2015/12/31	1.5	3.51	0.72	2.98
2015/9/30	1.18	2.61	0.56	2.32
2015/6/30	0.79	1.91	0.38	1.57
2015/3/31	0.34	0.9	0.17	0.71

从表10-3来看，I 企业营运能力的四个指标的变化基本上朝着一致的方向，其上市前后，也就是2016年9月—2017年3月期间，四项指标都有一

个抛物线式的变化，但随后又都回落。

同时，也可以看到，I 企业上市前都维持着较低的应收账款周转率，长期保持在 3.51 以下，应收账款回收周期都比较长。上市后，即 2016 年年末，应收账款周转率飙升至 24.1。尽管该数据并非常态，但 2016 年后，企业应收账款周转率也有了显著提升，随经营周期的变化基本维持在 3.58~13.82 之间。这说明 I 企业上市后其应收账款的回收速度加快，也意味着 I 企业能拥有更多可支配的流动资金，一定程度上降低了企业的坏账风险。

从表 10-3 可知，I 企业的总资产周转率比较稳定，其变化幅度集中在 0.17~2.55。总资产周转率在四项指标中是最为稳定的。I 企业完成上市后，总资产周转率上升，虽然上升幅度不大，但仍旧表明企业管理者对总资产的管理水平有一定的提高。

固定资产周转率是衡量固定资产使用效率最重要的指标。如表 10-3 所示，作为处于成长期的企业，I 企业在该期间内维持着较高水平的固定资产投入，但是销售收入净额并未提升至一个高水平。因此，I 企业在 2016 年第 4 季度之前，固定资产周转率基本控制在 0.65~2.98 之间，水平较低。随着企业不断壮大，借着成功上市的契机，固定资产周转率虽然变化幅度偏大，但总体呈上升趋势，说明其上市后，固定资产的利用效率得到一定提升。

从表 10-3 可知，完成上市后，I 企业营运资本周转率有了非常大的变化。2016 年年底，营运资本周转率为 34.12，从年初到年底，上涨幅度为 33.79，变化十分显著。I 企业在上市后，营运资本周转率的变化趋势并不稳定，一直呈现着先升后降，再升又降的态势。但总体来说，其营运资本周转率在上市后上升明显。这说明其营运资本的运用效率提高，营运资金的利用效果也越来越好。

对于一个企业来说，营运能力可以衡量一个企业的经营水平和管理水平。

营运能力分析有助于衡量企业资产投资水平的合理性，从而促进资产的合理配置。

其实，影响企业营运能力的因素，不只有存货周转、应收账款、总资产周转，还有其他方面。

1. 市场环境。对于企业而言，市场的周期性波动会直接影响到其生产经营活动。比如，当市场经济逐渐收缩的时候，企业销售额会随之降低，这时企业就需要用较少的库存来维持较低的销售量，这样能够有效减少企业应收账款，提高货币资金比重。

2. 销售状况。企业的销售状况主要表现在两点：一是企业库存货物的减少，二是货币资金的回收。在销售顺利的时候，企业的存货周转速度会明显加快，存货比重也会处于较低的状态，固定资产比重相应会提高。同时，因为经营态势良好，企业必定会进一步扩展经营规模，使得固定资产规模扩大，而这时存货则不一定增加，也有可能会随着销售出现下降的趋势。这就使得企业流动资产比重较低，固定资产比重较高。

3. 行业性质。不同的行业性质会对企业资产结构产生不同程度的影响，并且生产经营周期的长短也会在一定程度上影响企业的资产结构。

4. 经营的季节性。对于企业来说，经营的季节性会促使其货币资金和存货资产比重产生较为明显的波动。比如，在销售旺季的时候，企业存货会减少，货币资金会增加；相应地，在销售淡季的时候，企业存货会明显增多，货币资金也会随之减少。

5. 技术和管理水平。由于企业性质不同，不同技术特点的产品必定会在不同程度上影响企业资产流动性。

6. 企业的管理水平也会对自身资产结构产生直接影响。比如，较高的管理水平能够有效提高企业的营运能力，有助于改善企业的资源配置等。

第11章
财务报表综合分析方法

11.1 杜邦综合分析法——财务指标分析

杜邦综合分析法是美国杜邦公司最早使用的,因此就被叫作杜邦分析法。杜邦分析法是利用比较重要的几种财务比率之间的关系来衡量企业的财务状况,基础思想就是将企业的净资产收益率与下级多种财务比率相乘。这种方式可以深入地了解企业内部的财务情况,是一种评价企业绩效的比较经典的分析法。

1. 杜邦分析法的公式推理。

杜邦分析法的含义就是将净资产收益率逐级分解为利润率、总资产周转率和财务杠杆,所以利用杜邦分析法来评价企业的绩效主要受到这三种因素的影响。其中,利润率和总资产周转率我们在上面的内容中已经讲述,下面我们将重点讲述财务杠杆。

财务杠杆是企业的资本结构情况,是利用权益乘数来衡量。其计算公式为:

$$权益乘数 = 总资产 / 净资产(权益)$$

权益乘数可以表现出一个企业的负债程度。企业资产负债率高,权益乘数就大；负债率低，权益乘数就小。权益乘数的高低反映了企业承受负债的能力高低，简言之就是风险越大收益越大。

通过以上的说明，我们可以得到企业的净资产收益率的公式：

净资产收益率＝销售净利润率（净利润／销售收入）× 资产周转率（销售收入／总资产）× 权益乘数［总资产／净资产（权益）］

由此我们可以看出，杜邦分析法可以将触手伸到企业的各项权益当中，哪个部分出现问题便可以及时找出。那么这个公式是如何得到的呢？

净资产收益率＝（净收益／总权益）× 1（total asset/total asset）

带入公式得到：

净资产收益率＝（净收益／总权益）×（总资产／总资产）

将公式进行拆分相乘得到：

净资产收益率＝（净收益／总资产）×（总资产／总权益）

得到公式：

净资产收益率＝资产收益率 × 权益乘数

乘数 1（sale/sale）得到最终公式：

净资产收益率＝（净收益／销售收入）×（销售收入／总资产）×

（总资产／总权益）＝利润率 × 资产周转率 × 权益乘数

2. 杜邦分析法的特点。

通过公式我们可以直观地看出，杜邦分析法的特点就是将反映企业内部财务状况的净收益率和权益有机结合起来，形成一个闭环，通过最终的权益率综合反映企业的财务状况。这样的分析方法可以将企业财务比率分析得更加透彻，使层次更加清晰透明。

杜邦分析法可以将复杂的企业权益用清晰的公式展示出来，并且层次分明条理清晰，甚至可以让企业管理者准确并且快速地看到可以影响企业权益资本收益率的因素有哪些，给管理者提供一份清晰的企业财务状况分析图。

3. 杜邦分析法的财务指标关系图。

通过以上公式我们已经清晰地了解了杜邦分析法的优点，下面我们将公式转化为更为直观的图形，如图 11.1.1 所示。

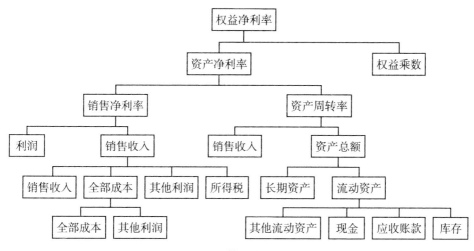

图 11.1.1　杜邦分析法图解

4. 杜邦分析法的局限性。

任何一种财务分析法都不会是完美的，杜邦分析法也不例外。它的特点在于可以深入企业财务内部，将财务状况与权益结合分析得到清晰的财务分析图，但是杜邦分析法也有自己的局限性。

根据杜邦分析法公式我们可以看出，所有的数据都是财务方面的数据，因此杜邦分析法只能分析企业财务方面的信息，并不能完全反映企业的市场能力。这就是它最大的局限性。

因此，我们使用杜邦分析法时要注意以下几点：

（1）杜邦分析法的重点在于分析企业财务现状，因此得出的结论可能只是企业短期之内产生的财务状况，而忽略企业长期发展战略的实施。

（2）由于杜邦分析法是以企业的财务状况为基础，都是以数字为形态出现的，因此就会忽略人为的一些因素。比如，客户的能力变化、供应商的能力变化、技术创新对企业发展影响的大小等因素。

（3）现代企业中企业文化与形象对企业的影响同样巨大，但这也是杜邦分析法无能为力的地方。

由于文化的差异，各个国家的企业理财方式与目的都是不相同的。欧美的一些国家重点在于股东，股东的利益高于一切，如何使股东的利益最大化是公司最终的发展方向。一些亚洲国家的观点则在于如何使得所有利益群体都会受益。

我国也衍生出了自己的一套效益规划体系，就是将投资人、债权人、社会、经营者与政府等团体综合考虑，在完全符合我国法律法规的基础上，使得这几个团体共同受益。而杜邦分析法是以股东的利益最大化为目标的，是通过一种财务方案就可以完美解决这个团体中一部分人的收益问题，因此杜邦分析法并不完全适应我国的国情。

5. 如何合理运用杜邦分析法。

首先，杜邦分析法只是对企业财务状况的分析，目的是在于让经营者或者投资人更加直观地了解企业的财务状况，明白如何才能提高公司在财务方面的效益，并不能完全代表一个企业的运营能力。在现代的社会大环境当中，企业如果想健康发展，除了要在财务上面下功夫，也要注重企业产品的质量、科技技术的进步更新以及企业形象的宣传等方面。

其次，我们可以从杜邦分析法公式当中发现，可以运用杜邦分析法的企业必须要在财务方面做到精准、真实、完整。这样运用杜邦分析法透析企业财务状况时，才不会因为数据的不完整造成方法的无效。因此，将企业的财务会计信息真实地、完整地、精准地整理也非常关键。

最后，杜邦分析法可以将企业的财务状况很透彻地分析出来，并且由于它是逐级向下乘积得到的数据，这种递进的关系并不是切断，而是一种平衡的关系。它不会因为某一方面缺乏就恶补，会使企业的财务与权益达到一种平衡发展的状态。

11.2 沃尔综合评分法——财务比率分析

1928 年，亚历山大·沃尔在《信用晴雨表研究》和《财务报表比率分析》中提出了信用能力指数的概念。

在研究与分析中，沃尔提出了可以赋予几种财务比率的一种指标比重，然后确定以行业平均数为基准的标准比率，对比实际的比率与标准的比率，得出相对比率；将得到的相对比率与各指标比重相乘，得出企业财务总评分；将这些评分整理得到综合比率评价体系，最后用线性的关系将几种财务比率分析结合，便可以评价一个企业的财务状况。

沃尔提出的财务比率总共有七种，分别是流动比率、产权比率、固定资产比率、存货周转率、应收账款周转率、固定资产周转率和自有资金周转率。然后分别赋予这七种财务比率的比重，并以行业平局水平为基准确定标准比例，将实际比率与标准比率相比，得出相对比率；将相对比率与各项指标的比重相乘，得出一个评分系统。

这种综合性的比率评价体系是将各个财务比率用线性的联系结合起来，然后分别赋予各项指标比重，通过比率之间的相互比较关系，得出各项指标总分数。利用这种方法可以对企业的信用水平做出评价。

1. 沃尔比重评分法的基本方法。

第一步，首先根据情况选择评价的指标，并且指定其权重。

根据不同能力分别指定以盈利能力为标准指标，包括资产净利率、销售净利率、净值报酬率。

以 100 分为总分，按照 2：2：1 的比例给予资产净利率、销售净利率、净值报酬率的评分标准。

第二步，根据沃尔比重的评分标准，确定各项比率指标的标准值。

第三步，确定企业在一段时间比率标准的实际值。比值计算方式如下：

$$资产净利率 = 净利润 / 资产总额 \times 100\%$$

$$销售净利率 = 净利润 / 销售收入 \times 100\%$$

$$净值报酬率 = 净利润 / 净资产 \times 100\%$$

$$自有资本比率 = 净资产 / 资产总额 \times 100\%$$

$$流动比率 = 流动资产 / 流动负债 \times 100\%$$

$$应收账款周转率 = 赊销净额 / 平均应收账款余额 \times 100\%$$

$$存货周转率 = 产品销售成本 / 平均存货成本 \times 100\%$$

$$销售增长率 = 销售增长额 / 基期销售额 \times 100\%$$

$$净利增长率 = 净利增加额 / 基期净利 \times 100\%$$

$$资产增长率 = 资产增加额 / 基期资产总额 \times 100\%$$

最后按照沃尔比重评分法得到最终的评价结果。

2. 沃尔比重评分法的公式。

根据沃尔比重评分法的概念得出沃尔比重公式为：

$$实际分数 = 实际值 / 标准值 \times 权重$$

在计算过程中，实际值与标准值的高低有两种情况：一种是当实际值大于标准值时，公式计算的结果正确；一种是当实际值小于标准值时，实际值越小，得分应越高，用此公式计算的结果却恰恰相反。

3. 沃尔比重评分法的应用缺陷。

沃尔比重评分法有一个难以解释的问题，那就是我们为什么要选择这七种指标，或多或少都不可以。另外，还有一个比较大的问题，那就是当沃尔比重评分法中的某一种指标严重异常时，会对最后的评分结果产生比较大的影响。因为沃尔评分法是以乘积进行的，如果某项数据异常，那么最终的评分会被无限地放大或者缩小。

虽然沃尔比重评分法有着缺陷，但是这仍然不能磨灭它的贡献。沃尔比重评分法将原本不可能有任何联系的财务指标，通过线性相连的方法，有机地形成了一个联动体，数据的全面让综合评价成为了可能。

4. 沃尔比重评分法的改进。

通过以上内容的阐述，我们已经知道沃尔比重评分法的缺陷。因为公式的计算方法是乘积，所以数据的异常会造成最终评分结果的异常。

那么，如何解决这样的问题呢？

我们可以优化财务比率的标准值，改为行业的平均值，并且将分值的上限和下限设定阈值。

第12章
财务报表典型案例分析

12.1 给 W 公司的财务照镜子

我们以 W 公司的财务状况为例，来剖析一下 W 公司的财务状况以及财务结构。根据财务状况分析让管理者了解现公司的财务状况是否良好。

表12-1　W 公司资产负债表（单位：万元）

资产	期初	期末	负债及股东权益	期初	期末
流动资产	5207	14696	流动负债：		
短期资产		700	短期借款	8260	26058
减：投资跌价准备		19	应付账款	1547	3667
短期投资净额		681	应付职工薪酬	287	356
应收账款	5651	9517	应交税费	31	323
其他应收款	2093	5051	其他应付款	1727	5358
减：坏账准备	21	1457	流动负债合计	11851	35760
应收款项净额	7724	13111	非流动负债：	384	224

续表

资产	期初	期末	负债及股东权益	期初	期末
存货	7831	11205	负债合计	12235	35984
减：存货跌价损失		160	股东权益：		
存货净额	7831	11045	股本	9921	17362
其他流动资产	1697	2294	资本公积	15451	12239
流动资产合计	22459	41826	盈余公积	3610	5522
非流动资产：			未分配利润	8037	9258
长期投资	8374	10638	股东权益合计	37019	48580
固定资产					
固定资产原值	24121	47730			
减：累计折旧	12101	17672			
固定资产净值	12020	30057			
在建工程	5987	1074			
固定资产合计	18007	31131			
无形资产	414	969			
非流动资产合计	26795	42738			
总计	49254	84564	总计	49254	84564

表 12-2　W 公司资产负债表变动情况分析表 1（单位：万元）

资产	期初	期末	变动额	变动率（%）
流动资产：				
货币资金	5207	14696	9488	182.21%
短期投资		700	700	
减：短期投资跌价准备		19	19	

资产	期初	期末	变动额	变动率（%）
短期投资净额		681	681	
应收账款	5651	9517	3866	68.40%
其他应收款	2093	5051	2957	141.26%
减：坏账准备	21	1457	1436	6836.67%
应收款项净额	7724	13111	5387	69.75%
存货	7831	11205	3374	43.08%
减：存货跌价准备		160	160	
存货净额	7831	11045	3213	41.03%
其他流动资产	1697	2294	597	35.19%
流动资产合计	22459	41826	19367	86.23%
非流动资产：				
长期投资	8374	10638	2264	27.03%
固定资产：				
固定资产原值	24121	47730	23608	97.87%
减：累计折旧	12101	17672	5571	46.03%
固定资产净增	12020	30057	18038	150.06%
在建工程	5987	1074	4913	82.06%
固定资产合计	18007	31131	13125	72.89%
无形资产	414	969	555	134.01%
非流动资产合计	26795	42738	15943	59.50%
合计	49254	84564	35310	71.69%

表12-3　W公司资产负债表变动情况分析表2（单位：万元）

负债及股东权益	期初	期末	变动额	变动率（%）
流动负债：				
短期借款	8260	26058	17798	215%
应付账款	1547	3667	2120	137%
应付工资	287	356	69	24%
应交税金	31	323	292	955%
其他应付款	1727	5358	3631	210%
流动负债小计	11851	35760	23910	202%
非流动负债：	384	224	160	42%
负债合计	12235	35984	23750	194%
股东权益：				
股本	9921	17362	7441	75%
资本公积	15451	12239	3212	21%
盈余公积	3610	5522	1911	53%
未分配利润	8037	13458	5421	67%
股东权益合计	37019	48580	11561	31%
总计	49254	84564	35310	72%

我们现在对W公司的财务状况进行分析：

1. 分析W公司的总资产状况。

我们可以发现其总资产的增幅达到了71.69%，总资产增加了35310万元。这样的增长速率透露出的信息是：W公司处于高速发展期。

2. 从负债与股东权益方面分析。

（1）负债的增长率为72%，增加了35310万元，从表格中可以看出来，企业负债的大部分原因是短期借款的大幅增加。而 W 公司使用了大量的短期借债。庞大的资金链是支持企业发展的基础，但是利用短期借贷来解决的话会提高公司的风险。

（2）股本增加 7441 万元，同时资本公积减少 3212 万元，由此可以看出股本的增加并不对公司的经营产生影响。

3.资产负债表结构及变动情况分析。

表 12-4　W 公司资产负债表结构及变动情况分析表（单位：万元）

资产	期初	期末	结构及变动情况（%）		
			期初	期末	差异
流动资产：					
货币资金	5207	14696	10.57	17.38	6.81
短期投资净额	7724	681	0.81	0.81	0.81
应收款项净额	7831	13111	15.68	15.50	−0.18
存货净额	1697	11045	15.90	13.06	−2.84
其他流动资产	22459	2294	3.45	2.71	0.74
流动资产合计		41826	45.60	49.46	3.86
非流动资产：					
长期投资	8374	10638	17.00	12.58	−4.42
固定资产：					
固定资产净值	12020	30057	24.40	35.54	11.14
在建工程	5987	1074	12.16	1.27	−10.89
固定资产合计	18007	31131	36.56	36.81	0.25
无形资产	414	969	0.84	1.15	0.31

续表

资产	期初	期末	结构及变动情况（％）		
			期初	期末	差异
非流动资产合计	26795	42738	54.40	50.54	−3.86
流动负债：					
短期借款	8260	26058	77	30.81	14.04
应付账款	1547	3667	3.14	4.34	1.20
应付工资	287	356	0.58	0.42	−0.16
应交税金	31	323	0.06	0.38	0.32
其他应付款	1727	5358	3.51	6.34	2.83
流动负债小计	11851	35760	24.06	42.29	18.23
非流动负债：	384	224	0.78	0.26	−0.52
负债合计		35984	24.84	42.55	17.71
股东权益：					
股本	9921	17362	20.14	20.53	0.39
资本公积	15451	12239	31.17	14.47	−16.90
盈余公积	3610	5522	7.33	6.53	−0.80
未分配利润	8037	13458	19.32	15.92	−0.40
股东权益合计	37019	48580	75.16	57.45	−17.71
总计	49254	84566	100.00	100.00	0

由现在的财务报表可以看出，W 公司流动负债比重的增长速度比流动资产的比重增长速度快，因此短期偿债的能力不足。

12.2　X 公司的利润是怎样的

　　X 公司是一家生产微型处理电脑的公司，主要市场是小规模的公司以及个人，因此在价格方面非常受消费者的青睐。随着销售业绩逐渐提高，X 公司也在业界做到了一定规模。下面是 X 公司的一些财务状况表，我们可以从这些表单中分析 X 公司的利润分布以及实践情况。

表 12-5　X 公司年度利润表（单位：万元）

项目	2020 年	2019 年
一、产品销售收入	648450	461380
减：产品销售成本	535477.5	387236.4
产品销售税金及附加	7198	2722
二、产品销售利润	105774.5	71421.6
加：其他销售利润	−2659	−876.8
减：存货跌价损失	1047.5	0
销售费用	1361.5	784.4
管理费用	62251	43323.6
财务费用	−12061	42216.4
三、营业利润	50516.5	−15779.6
加：投资净收益	11802	27590.4
营业外收入	40	0

项目	2020 年	2019 年
减：营业外支出	1556.5	784.4
四、利润总额	60802	11026.4
减：所得税	11672	1707.2
五、净利润	49130	9319.2

X 公司利润增减变动分析表如下：

表12-6　X公司利润水平分析表（单位：万元）

项目	2020 年	2019 年	增减额	增减率(%)
一、产品销售收入	648450	461380	187070	40.5%
减：产品销售成本	535477.5	387236.4	148241.1	38.3%
产品销售税金及附加	7198	2722	4476	164.4%
二、产品销售利润	105774.5	71421.6	34352.9	48.1%
加：其他销售利润	−2659	−876.8	−1782.2	203.3%
减：存货跌价损失	1047.5	0	1047.5	#DIV/0!
营业费用	1361.5	784.4	577.1	73.6%
管理费用	62251	43323.6	18927.4	43.7%
财务费用	−12061	42216.4	−54277.4	−128.6%
三、营业利润	50516.5	−15779.6	66296.1	−420.1%
加：投资净收益	11802	27590.4	−15788.4	−57.2%
营业外收入	40	0	40	
减：营业外支出	1556.5	784.4	772.1	98.4%
四、利润总额	60802	11026.4	49775.6	451.4%

项目	2020 年	2019 年	增减额	增减率（%）
减：所得税	11672	1707.2	9964.8	583.7%
五、净利润	49130	9319.2	39810.8	427.2%

1. 净利润分析。

X 公司 2020 度实现净利润 49130 万元，比 2019 年增长了 39810 万元，增长率为 427.2%。从增长水平来看，X 公司的发展处于良好的状态。

2. 总体利润分析。

从总体利润上来看，X 公司较 2019 年的利润增长了很多，如净利润、利润总额和营业利润都有较大幅度增加。造成这样的现象有两个主要的原因：一是成本的严格控制，二是主营业务利润的增加。

通过以上详细的利润报告，我们对 X 公司的财务状况可以得出以下结论：

2020 年度的利润收益远大于 2019 年的利润收益，原因就是成本的降低以及产量的提高，上述财务报表中具有体现。

12.3　Y 公司财务综合分析

我们以 Y 公司的财务状况作为分析依据。下面列出 Y 公司在不同年度的财务状况表，我们来对比一下 Y 公司的财务状况。

表12-7 Y公司三年的比较资产负债表（单位：万元）

资产	2018年	2019年	增长率（%）	2020年	增长率（%）
流动资产	72.9	100.8	38%	119.7	119%
现金	4.5	10.8	140%	-9.8	-91%
应收账款	18.9	28	48%	35.5	127%
存货	49.5	62	25%	94	152%
固定资产	19.5	32	64%	14	44%
减：折旧	2.4	4	67%	2	50%
固定资产净值	17.1	28	64%	12	43%
资产总额	90	128.8	43%	131.7	102%
负债及所有者权益	2018	2019	增长率（%）	2020	增长率（%）
流动负债	18.9	26.4	40%	78.1	296%
短期借款	3	2	-33%	10.5	525%
应付账款	15.9	24.4	53%	67.6	277%
长期负债	6	8	33%	17	213%
所有者权益	65.1	94.4	45%	36.6	39%
实收资本	30	40	33%	10	25%
留存收益	35.1	54.4	55%	26.6	49%
负债及所有者权益总额	90	128.8	43%	131.7	102%

表12-8 Y公司比较利润表（单位：万元）

项目	2018年	2019年	增长率（%）	2020年	增长率（%）
商品销售收入	969	1160	19.70	1583	36.5
减：商品进货成本	621	719	15.80	1040	44.60
商品销售税金及附加	9	11		13	

续表

项目	2018 年	2019 年	增长率（%）	2020 年	增长率（%）
商品销售毛利	339	430	26.80	530	23.30
减：管理与经营费用	266.6	300	12.50	410	36.70
财务费用（付利息）	2.4	2		6	
经营利润	70	128	82.90	114	−10.90
利润总额	70	128	82.90	114	−10.90
减：所得税（33%）	23.1	42.2		37.6	
税后利润	46.9	85.8	82.90	76.4	−10.90

1.资产负债表的分析。

（1）分析资金占用。

从 Y 公司新增的资产分布来看，流动资产占据大部分，即存货和应收账款占大部分。这种新增存货和应收货款占据比例较高，现金减少的情况，会严重影响 Y 公司的偿债能力。从这点上来看，其实施扩张战略并不合理。

并且，在这种情况下 Y 公司需要考虑的是，继续增加存货量的做法是否合适。

（2）分析资金来源。

从 2019 年和 2020 年的资金来源情况可以看出，Y 公司的发展资金主要来源于负债。这将对 Y 公司短期偿债能力提出考验，如果货物积压导致货款无法及时回收，Y 公司就无法偿还短期负债，这对 Y 公司将是非常大的潜在危机。

2.利润表的分析。

（1）分析公司实现的经营成果。

从 Y 公司的利润表可以看出，虽然公司处于盈利状态，但是同比 2019 年的盈利数额反而下降了，即便利润表中显示净利润处于上升的状态。那么，成本和费用的提高，是否是造成盈利数据同比下降的原因呢？

（2）分析公司的销售规模。

从 Y 公司主营业务收入数据可以看出，数据呈上升趋势，说明公司的销售规模确实在扩大。但是，销售规模的增长速度显然比不上公司资产扩张的速度，这说明可能是销售业绩的原因造成现在的现象。

（3）分析公司现金流情况。

通过对 Y 公司的资产负债表和利润表的对比分析，可以大概了解 Y 公司的财务情况。

Y 公司存在现金流严重不足的情况。虽然利润是存在的，但是盈利能力在下降；偿债能力不足，尤其是短期债务问题比较突出。在这些问题存在的情况下，还选择继续将公司的重点放到扩张的环节上，是否合适呢？

综合以上表格分析，我们可以看出 Y 公司权益乘积增加过快，负债风险增加；现金流情况体现了 Y 公司的偿债能力并不足；投资者的报酬是下降的状态，反映了 Y 公司扩张过快、资金流不稳定的情况。所以，综合来看，Y 公司的经营盈利能力在走下坡路。

附 录

一般企业财务报表格式（适用于未执行新金融准则、新收入准则和新租赁准则的企业）

一、关于比较信息的列报

按照《企业会计准则第 30 号——财务报表列报》的相关规定，当期财务报表的列报至少应当提供所有列报项目上一个可比会计期间的比较数据。财务报表的列报项目名称和内容发生变更的，应当对可比期间的比较数据按照当期的列报要求进行调整，相关准则有特殊规定的除外。

二、关于资产负债表

资产负债表

会企 01 表

编制单位：＿＿＿＿＿＿＿ 年＿＿＿＿月＿＿＿＿日　　　　　　单位：元

资产	期末余额	上年年末余额	负债和所有者权益（或股东权益）	期末余额	上年年末余额
流动资产：			流动负债：		
货币资金			短期借款		
以公允价值计量且其变动计入当期损益的金融资产			以公允价值计量且其变动计入当期损益的金融负债		
衍生金融资产			衍生金融负债		
应收票据			应付票据		

续表

资产	期末余额	上年年末余额	负债和所有者权益（或股东权益）	期末余额	上年年末余额
应收账款			应付账款		
预付款项			预收款项		
其他应收款			应付职工薪酬		
存货			应交税费		
持有待售资产			其他应付款		
一年内到期的非流动资产			持有待售负债		
其他流动资产			一年内到期的非流动负债		
流动资产合计			其他流动负债		
非流动资产：			流动负债合计		
可供出售金融资产			非流动负债：		
持有至到期投资			长期借款		
长期应收款			应付债券		
长期股权投资			其中：优先股		
投资性房地产			永续债		
固定资产			长期应付款		
在建工程			预计负债		
生产性生物资产			递延收益		
油气资产			递延所得税负债		
无形资产			其他非流动负债		
开发支出			非流动负债合计		
商誉			负债合计		
长期待摊费用			所有者权益（或股东权益）：		
递延所得税资产			实收资本（或股本）		
其他非流动资产			其他权益工具		
非流动资产合计			其中：优先股		
			永续债		

资产	期末余额	上年年末余额	负债和所有者权益（或股东权益）	期末余额	上年年末余额
			资本公积		
			减：库存股		
			其他综合收益		
			专项储备		
			盈余公积		
			未分配利润		
			所有者权益（或股东权益）合计		
资产总计			负债和所有者权益（或股东权益）总计		

有关项目说明：

1."应收票据"项目，反映资产负债表日以摊余成本计量的、企业因销售商品、提供服务等收到的商业汇票，包括银行承兑汇票和商业承兑汇票。该项目应根据"应收票据"科目的期末余额，减去"坏账准备"科目中相关坏账准备期末余额后的金额填列。

2."应收账款"项目，反映资产负债表日以摊余成本计量的、企业因销售商品、提供服务等经营活动应收取的款项。该项目应根据"应收账款"科目的期末余额，减去"坏账准备"科目中相关坏账准备期末余额后的金额填列。

3."其他应收款"项目，应根据"应收利息""应收股利"和"其他应收款"科目的期末余额合计数，减去"坏账准备"科目中相关坏账准备期末余额后的金额填列。

4."持有待售资产"项目，反映资产负债表日划分为持有待售类别的非流动资产及划分为持有待售类别的处置组中的流动资产和非流动资产的期末账面价值。该项目应根据"持有待售资产"科目的期末余额，减去"持有待售资产减值准备"科目的期末余额后的金额填列。

5."固定资产"项目，反映资产负债表日企业固定资产的期末账面价值和企业尚未清理完毕的固定资产清理净损益。该项目应根据"固定资产"科目的期末余额，减去"累计折旧"和"固定资产减值准备"科目的期末余额后的金额，以及"固定资产清理"科目的期末余额填列。

6."在建工程"项目，反映资产负债表日企业尚未达到预定可使用状态的在建工程的期末账面价值和企业为在建工程准备的各种物资的期末账面价值。该项目应根据"在建工程"科目的期末余额，减去"在建工程减值准备"科目的期末余额后的金额，以及"工程物资"科目的期末余额，减去"工程物资减值准备"科目的期末余额后的金额填列。

7."一年内到期的非流动资产"项目，通常反映预计自资产负债表日起一年内变现的非流动资产。对于按照相关会计准则采用折旧（或摊销、折耗）方法进行后续计量的固定资产、无形资产和长期待摊费用等非流动资产，折旧（或摊销、折耗）年限（或期限）只剩一年或不足一年的，或预计在一年内（含一年）进行折旧（或摊销、折耗）的部分，不得归类为流动资产，仍在各该非流动资产项目中填列，不转入"一年内到期的非流动资产"项目。

8."应付票据"项目，反映资产负债表日以摊余成本计量的、企业因购买材料、商品和接受服务等开出、承兑的商业汇票，包括银行承兑汇票和商业承兑汇票。该项目应根据"应付票据"科目的期末余额填列。

9."应付账款"项目，反映资产负债表日以摊余成本计量的、企业因购买材料、商品和接受服务等经营活动应支付的款项。该项目应根据"应付账款"和"预付账款"科目所属的相关明细科目的期末贷方余额合计数填列。

10."其他应付款"项目，应根据"应付利息""应付股利"和"其他应付款"科目的期末余额合计数填列。

11."持有待售负债"项目，反映资产负债表日处置组中与划分为持有待售类别的资产直接相关的负债的期末账面价值。该项目应根据"持有待售负债"科目的期末余额填列。

12."长期应付款"项目，反映资产负债表日企业除长期借款和应付债券以外的其他各种长期应付款项的期末账面价值。该项目应根据"长期应付款"科目的期末余额，减去相关的"未确认融资费用"科目的期末余额后的金额，以及"专项应付款"科目的期末余额填列。

13."递延收益"项目中摊销期限只剩一年或不足一年的，或预计在一年内（含一年）进行摊销的部分，不得归类为流动负债，仍在该项目中填列，不转入"一年内到期的非流动负债"项目。

14."其他权益工具"项目，反映资产负债表日企业发行在外的除普通股以外分类为权益工具的金融工具的期末账面价值。对于企业发行的金融工具，分类为金融负债的，应在"应付债券"项目填列；对于优先股和永续债，还应在"应付债券"项目下的"优先股"项目和"永续债"项目分别填列；分类为权益工具的，应在"其他权益工具"项目填列；对于优先股和永续债，还应在"其他权益工具"项目下的"优先股"项目和"永续债"项目分别填列。

15."专项储备"项目，反映高危行业企业按国家规定提取的安全生产费的期末账面价值。该项目应根据"专项储备"科目的期末余额填列。

三、关于利润表

利润表

会企 02 表

编制单位： _____年_____月_____日   单位：元

项目	本期金额	上期金额
一、营业收入		
减：营业成本		
税金及附加		
销售费用		
管理费用		
研发费用		
财务费用		
其中：利息费用		
利息收入		
加：其他收益		
投资收益（损失以"–"号填列）		
其中：对联营企业和合营企业的投资收益		
公允价值变动收益（损失以"–"号填列）		
资产减值损失（损失以"–"号填列）		
资产处置收益（损失以"–"号填列）		
二、营业利润（亏损以"–"号填列）		
加：营业外收入		
减：营业外支出		
三、利润总额（亏损总额以"–"号填列）		
减：所得税费用		
四、净利润（净亏损以"–"号填列）		
（一）持续经营净利润（净亏损以"–"号填列）		
（二）终止经营净利润（净亏损以"–"号填列）		
五、其他综合收益的税后净额		

项目	本期金额	上期金额
（一）不能重分类进损益的其他综合收益		
1.重新计量设定受益计划变动额		
2.权益法下不能转损益的其他综合收益		
……		
（二）将重分类进损益的其他综合收益		
1.权益法下可转损益的其他综合收益		
2.可供出售金融资产公允价值变动损益		
3.持有至到期投资重分类为可供出售金融资产损益		
4.现金流量套期损益的有效部分		
5.外币财务报表折算差额		
……		
六、综合收益总额		
七、每股收益：		
（一）基本每股收益		
（二）稀释每股收益		

有关项目说明：

1.“研发费用”项目，反映企业进行研究与开发过程中发生的费用化支出，以及计入管理费用的自行开发无形资产的摊销。该项目应根据“管理费用”科目下的“研究费用”明细科目的发生额，以及“管理费用”科目下的“无形资产摊销”明细科目的发生额分析填列。

2.“财务费用”项目下的“利息费用”项目，反映企业为筹集生产经营所需资金等而发生的应予费用化的利息支出。该项目应根据“财务费用”科目的相关明细科目的发生额分析填列。该项目作为“财务费用”项目的其中项，以正数填列。

3. "财务费用"项目下的"利息收入"项目，反映企业按照相关会计准则确认的应冲减财务费用的利息收入。该项目应根据"财务费用"科目的相关明细科目的发生额分析填列。该项目作为"财务费用"项目的其中项，以正数填列。

4. "其他收益"项目，反映计入其他收益的政府补助，以及其他与日常活动相关且计入其他收益的项目。该项目应根据"其他收益"科目的发生额分析填列。企业作为个人所得税的扣缴义务人，根据《中华人民共和国个人所得税法》收到的扣缴税款手续费，应作为其他与日常活动相关的收益在该项目中填列。

5. "资产处置收益"项目，反映企业出售划分为持有待售的非流动资产（金融工具、长期股权投资和投资性房地产除外）或处置组（子公司和业务除外）时确认的处置利得或损失，以及处置未划分为持有待售的固定资产、在建工程、生产性生物资产及无形资产而产生的处置利得或损失。债务重组中因处置非流动资产（金融工具、长期股权投资和投资性房地产除外）产生的利得或损失和非货币性资产交换中换出非流动资产（金融工具、长期股权投资和投资性房地产除外）产生的利得或损失也包括在本项目内。该项目应根据"资产处置损益"科目的发生额分析填列；如为处置损失，以"-"号填列。

6. "营业外收入"项目，反映企业发生的除营业利润以外的收益，主要包括与企业日常活动无关的政府补助、盘盈利得、捐赠利得（企业接受股东或股东的子公司直接或间接的捐赠，经济实质属于股东对企业的资本性投入的除外）等。该项目应根据"营业外收入"科目的发生额分析填列。

7. "营业外支出"项目，反映企业发生的除营业利润以外的支出，主要包括公益性捐赠支出、非常损失、盘亏损失、非流动资产毁损报废损失等。该项目应根据"营业外支出"科目的发生额分析填列。"非流动资产毁损报废损失"通常包括因自然灾害发生毁损、已丧失使用功能等原因而报废清理产生的损失。企业在不同交易中形成的非流动资产毁损报废利得和损失不得相互抵销，应分别在"营业外收入"项目和"营业外支出"项目进行填列。

8."（一）持续经营净利润"和"（二）终止经营净利润"项目，分别反映净利润中与持续经营相关的净利润和与终止经营相关的净利润；如为净亏损，以"–"号填列。这两个项目应按照《企业会计准则第 42 号——持有待售的非流动资产、处置组和终止经营》的相关规定分别列报。

四、关于现金流量表

现金流量表

会企 03 表

编制单位：_____　年_____月_____日　　单位：元

项目	本期金额	上期金额
一、经营活动产生的现金流量：		
销售商品、提供劳务收到的现金		
收到的税费返还		
收到其他与经营活动有关的现金		
经营活动现金流入小计		
购买商品、接受劳务支付的现金		
支付给职工以及为职工支付的现金		
支付的各项税费		
支付其他与经营活动有关的现金		
经营活动现金流出小计		
经营活动产生的现金流量净额		
二、投资活动产生的现金流量：		
收回投资收到的现金		
取得投资收益收到的现金		
处置固定资产、无形资产和其他长期资产收回的现金净额		
处置子公司及其他营业单位收到的现金净额		
收到其他与投资活动有关的现金		

项目	本期金额	上期金额
投资活动现金流入小计		
购建固定资产、无形资产和其他长期资产支付的现金		
投资支付的现金		
取得子公司及其他营业单位支付的现金净额		
支付其他与投资活动有关的现金		
投资活动现金流出小计		
投资活动产生的现金流量净额		
三、筹资活动产生的现金流量:		
吸收投资收到的现金		
取得借款收到的现金		
收到其他与筹资活动有关的现金		
筹资活动现金流入小计		
偿还债务支付的现金		
分配股利、利润或偿付利息支付的现金		
支付其他与筹资活动有关的现金		
筹资活动现金流出小计		
筹资活动产生的现金流量净额		
四、汇率变动对现金及现金等价物的影响		
五、现金及现金等价物净增加额		
加: 期初现金及现金等价物余额		
六、期末现金及现金等价物余额		

有关项目说明:

企业实际收到的政府补助,无论是与资产相关还是与收益相关,均在"收到其他与经营活动有关的现金"项目填列。

五、关于所有者权益变动表

所有者权益变动表

编制单位：　　　　　　　　　　年　　　月　　　日

会企04表
单位：元

项目	本年金额											上年金额										
	实收资本（或股本）	其他权益工具			资本公积	减：库存股	其他综合收益	专项储备	盈余公积	未分配利润	所有者权益合计	实收资本（或股本）	其他权益工具			资本公积	减：库存股	其他综合收益	专项储备	盈余公积	未分配利润	所有者权益合计
		优先股	永续债	其他									优先股	永续债	其他							
一、上年年末余额																						
加：会计政策变更																						
前期差错更正																						
其他																						
二、本年年初余额																						
三、本年增减变动金额（减少以"－"号填列）																						
（一）综合收益总额																						
（二）所有者投入和减少资本																						
1. 所有者投入的普通股																						
2. 其他权益工具持有者投入资本																						
3. 股份支付计入所有者权益的金额																						
4. 其他																						

项目	本年金额										上年金额									
	实收资本（或股本）	其他权益工具		资本公积	减：库存股	其他综合收益	专项储备	盈余公积	未分配利润	所有者权益合计	实收资本（或股本）	其他权益工具		资本公积	减：库存股	其他综合收益	专项储备	盈余公积	未分配利润	所有者权益合计
		优先股 永续债	其他									优先股 永续债	其他							
（三）利润分配																				
1. 提取盈余公积																				
2. 对所有者（或股东）的分配																				
3. 其他																				
（四）所有者权益内部结转																				
1. 资本公积转增资本（或股本）																				
2. 盈余公积转增资本（或股本）																				
3. 盈余公积弥补亏损																				
4. 设定受益计划变动额结转留存收益																				
5. 其他																				
四、本年年末余额																				

有关项目说明：

"其他权益工具持有者投入资本"项目，反映企业发行的除普通股以外分类为权益工具的金融工具的持有者投入资本的金额。该项目应根据金融工具类科目的相关明细科目的发生额分析填列。